Bruno J. Schor / Alfons Schweiggert
Autismus – ein häufig verkanntes Problem

Bruno J. Schor / Alfons Schweiggert

Autismus –
ein häufig verkanntes Problem

Kinder und Jugendliche
mit autistischen Verhaltensweisen
in allen Schularten

Mit Beiträgen von

Prof. Dr. Hedwig Amorosa, Andrea Basler-Eggen,
Prof. Dr. Konrad Bundschuh, Armin Deierling, Ronnie Halligan,
Dr. Katrin Mildenberger, Dr. Nicosia Nieß,
Dr. Michele Noterdaeme, Franz Rumpler, Dr. Bruno J. Schor,
Alfons Schweiggert, Heinz Sterr, Dr. Jürgen Wolf

Auer Verlag GmbH

Gedruckt auf umweltbewusst gefertigtem, chlorfrei gebleichtem und alterungsbeständigem Papier.

2. Auflage. 2001
Nach der Neuregelung der deutschen Rechtschreibung
© by Auer Verlag GmbH, Donauwörth. 1999
Alle Rechte vorbehalten
Umschlaggrafik: Isabel Wernekke, Alfons Schweiggert
Umschlagbild: Signet des Verbandes *Hilfe für das autistische Kind e. V.*
Umschlaggestaltung: Josef Kinzelmann, Asbach-Bäumenheim
Grafik im Innenteil: Schor, Schweiggert, Wernekke
Gesamtherstellung: Ludwig Auer GmbH, Donauwörth
ISBN 3-403-0**3201**-9

Inhalt

Vorwort 11

1   Autismus und seine Geschichte 13

1.1   Autismus bis 1900 13
1.2   Autismus von 1900 bis 1945 14
1.3   Autismus nach 1945 14

2   Autismus, ein aktuelles Gegenwartsproblem 16

2.1   Distanz und Intoleranz in der Gesellschaft 16
2.2   Situation und Reaktion von Eltern mit autistischen Kindern 17
2.3   Verändertes Bewusstsein in der Sonderpädagogik 18
2.4   Erfolge in der medizinischen und psychologischen Forschung 18

3   Begriffliche Erhellung 20

4   Erscheinungsbilder des Autismus-Syndroms 21

4.1   Ausprägung von mehreren Störungsphänomenen 21
4.2   Kennzeichen der einzelnen Symptome 22

5   Ursachen für die Entstehung von Autismus 25

5.1   Komplexität der Verursachungen 25
5.2   Hirnorganische Veränderungen 26
5.3   Biochemische Indikatoren 27
5.4   Genetische Faktoren 29
5.5   Psychologische Aspekte 31

6   Diagnose 33

6.1   Fachärztliche Diagnose 33
6.2   Diagnostische Klassifikation 37

7   Artverwandte Krankheitsbilder und Störungen 40

7.1   Andere tief greifende Entwicklungsstörungen 40
7.2   Abbauprozesse bei anderen hirnorganischen Erkrankungen 41

7.3	Kindliche Schizophrenie	42
7.4	Hospitalismus	42
7.5	Frühkindliche Verhaltensauffälligkeiten	42
7.6	Intelligenzminderung mit emotionaler Störung	43
7.7	Entwicklungsstörungen im Bereich der Sprache	43
7.8	Persönlichkeitsstörungen	44
8	**Therapie von Autismus**	**45**
8.1	Bedeutung von Früherkennung und Frühförderung	45
8.2	Therapiekonzepte	45
8.3	Medikamentöse Behandlungsformen	52
9	**Gestützte Kommunikation (FC) – eine Kommunikationsform für Kinder und Jugendliche mit Autismus**	**54**
9.1	Grundlegende Informationen zu FC	55
9.2	Kontroverse Diskussion über FC	59
9.3	FC in Schule und Unterricht	63
9.4	Empfehlungen für den Umgang mit FC	64
9.5	Möglichkeiten und Grenzen von FC	65
10	**Verlauf von Autismus**	**66**
10.1	Entwicklung	66
10.2	Prognose	66
11	**Autismus im Kleinkindalter**	**68**
11.1	Förderorte – Kindergarten und Schulvorbereitende Einrichtung	68
11.2	Früherkennung	68
11.3	Frühförderung	69
12	**Autismus im Schulalter**	**70**
12.1	Autismus, ein Phänomen in allen Schularten	70
12.2	Kinder und Jugendliche mit autistischen Verhaltensweisen in der Klasse	71
12.3	Beratungsschulen – Aufgabenfelder und Arbeitsweise	73
12.4	Systemische Beratung, Förderung und Betreuung in der Schule	75

12.5 Kinder und Jugendliche mit autistischen Verhaltensweisen im Gymnasium – Möglichkeiten und Grenzen der schulischen Integration 92

13 Autismus, ein unentbehrlicher Gegenstand von Lehrerbildung und Lehrerfortbildung 101

14 Formen außerschulischer Beratung, Förderung und Therapie 103

14.1 Elternaktivitäten, Mitwirkung und Erwartungen 103
14.2 Kooperation mit außerschulischen Fachdiensten 110
14.3 Autismus – Informationsbörse im Internet 112
14.4 Verband *Hilfe für das autistische Kind e.V.* – Stärkung durch Zusammenwirken 119

15 Wege zur personalen und sozialen Integration 123

15.1 Elternhaus und soziales Umfeld 123
15.2 Gesellschaftliche Akzeptanz und Unterstützung 123
15.3 Berufliche Ausbildung, Arbeitsplatzbeschaffung und Freizeitgestaltung 124

16 Perspektiven 127

16.1 Wissenschaftliche Forschung – Hoffnung auf Hilfe für die Praxis .. 127
16.2 Interdisziplinarität in der Wissenschaft – Verknüpfung von Theorie und Praxis 128
16.3 Vernetzung von lokalen Initiativen zu einem flächendeckenden Verbundsystem 130

Anhang 135

Autismus – Informationsbörse im Internet 135

Literatur 138

Anmerkungen zu den Autoren

An diesem Buch haben folgende Personen mitgewirkt:

Prof. Dr. Hedwig Amorosa, Heckscher Klinik, Fachklinik für Psychiatrie und Psychotherapie des Kindes- und Jugendalters, München – Außenstelle Solln:
Kap. 7 Artverwandte Krankheitsbilder und Störungen

Andrea Basler-Eggen, Sonderschullehrerin, wissenschaftliche Mitarbeiterin am Institut für Sonderpädagogik, Ludwig-Maximilians-Universität, München:
Kap. 9 Gestützte Kommunikation (FC) – eine Kommunikationsform für Kinder und Jugendliche mit Autismus

Prof. Dr. Konrad Bundschuh, Lehrstuhl für Geistigbehinderten- und Verhaltensgestörtenpädagogik, Institut für Sonderpädagogik, Ludwig-Maximilians-Universität, München:
Kap. 9 Gestützte Kommunikation (FC) – eine Kommunikationsform für Kinder und Jugendliche mit Autismus

Armin Deierling, Diplomingenieur für Elektrotechnik, 2. Vorsitzender im Regionalverband *Hilfe für das autistische Kind e.V.* – Mittelfranken, Vater eines autistischen Sohnes, der in Nürnberg die Klasse der „Muschelkinder" besucht:
Kap. 14.3 Autismus – Informationsbörse im Internet

Ronnie Halligan, MA, Behindertenbeauftragter am Kleinen privaten Lehrinstitut Derksen, München, Übersetzer:
Kap. 12.5 Kinder und Jugendliche mit autistischen Verhaltensweisen im Gymnasium – Möglichkeiten und Grenzen der schulischen Integration

Dr. Katrin Mildenberger, Institut für Kinder- und Jugendpsychiatrie der Ludwig-Maximilians-Universität, München:
Kap. 5 Ursachen für die Entstehung von Autismus

Dr. Nicosia Nieß, Vorstandsvorsitzende des Regionalverbandes *Hilfe für das autistische Kind e.V.* – München, Mutter einer autistischen Tochter:
Kap. 14.4 Verband Hilfe für das autistische Kind e.V. – Stärkung durch Zusammenwirken
Kap. 15.3 Berufliche Ausbildung, Arbeitsplatzbeschaffung und Freizeitgestaltung

Dr. Michele Noterdaeme, Heckscher Klinik, Fachklinik für Psychiatrie und Psychotherapie des Kindes- und Jugendalters, München – Außenstelle Solln:
>   *Kap. 6 Diagnose*

Franz Rumpler, Sonderschulrektor, Schule für Kranke, Beratungsschule für Kinder und Jugendliche mit autistischen Verhaltensweisen, Erlangen:
>   *Kap. 12.4.3 Unterricht mit autistischen Kindern in einer eigenen Klasse: Das Projekt „Muschelkinder"*

Dr. Bruno J. Schor, Leiter der Abteilung Förderschulen, Staatsinstitut für Schulpädagogik und Bildungsforschung, München:
>   *Verantwortlich für alle nicht namentlich ausgewiesenen Beiträge*

Alfons Schweiggert, Institutsrektor, Referat Schulen zur individuellen Lernförderung und zur Erziehungshilfe, Staatsinstitut für Schulpädagogik und Bildungsforschung, München:
>   *Verantwortlich für alle nicht namentlich ausgewiesenen Beiträge*

Heinz Sterr, Sonderschulrektor, Schule an der Heckscher Klinik, Beratungsschule für Kinder und Jugendliche mit autistischen Verhaltensweisen, München:
>   *Kap. 12.4 Systemische Beratung, Förderung und Betreuung in der Schule*

Dr. Jürgen Wolf, Verlagsgeschäftsführer, Vater eines Sohnes mit autistischen Verhaltensweisen, Mitglied im Regionalverband *Hilfe für das autistische Kind e.V.* – Mittelfranken:
>   *Kap. 14.1 Elternaktivitäten, Mitwirkung und Erwartungen*

Den Verfassern der Einzelbeiträge gebührt besonderer Dank, da sie dieses Werk erst ermöglicht haben. Ihre Texte sind namentlich gekennzeichnet. Die übrigen, nicht mit Namen versehenen Beiträge wurden von den Autoren dieses Buches verfasst.

Von den Mitgliedern des Arbeitskreises *Erziehung, Unterricht und Förderung von Kindern und Jugendlichen mit autistischen Verhaltensweisen* haben vielfältige Anregungen und Impulse in diese Veröffentlichung Eingang gefunden. Der Arbeitskreis ist seit dem Jahr 1994 am Staatsinstitut für Schulpädagogik und Bildungsforschung eingerichtet. Die Mitglieder stehen als Beratungslehrer jenen Schulen mit Rat und Tat zur Seite, die sich um die Förderung von Kindern und Jugendlichen mit autistischen Verhaltensweisen bemühen: *Ehrenfried Brandner, Manfred Frömmig, Sabine Hitzler-Leikauf, Andrea Kandler-Wiesheu, Josef Reithmeier, Franz Rumpler, Elke Saenger, Heinz Sterr* und *Frank Stößel*. Auch diesem Personenkreis gilt der Dank der Autoren.

Ferner wird der Vorsitzenden des Bundesverbandes *Hilfe für das autistische Kind e. V.,* Hamburg, Frau *Helen Blohm,* und der Vorsitzenden des Regionalverbandes, München, Frau *Dr. Nicosia Nieß,* für die Abdruckgenehmigung des Signets auf dem Titel dieses Buches gedankt.

Personen- und Berufsbezeichnungen umfassen in dieser Publikation der erleichterten Lesbarkeit wegen stets weibliche und männliche Personen.
Die Bezeichnung Lehrer wird als Sammelbegriff verwendet. Sie umschließt alle in der Schule wirkenden Erziehungsverantwortlichen.

Neben den allgemeinen Literaturangaben der Autoren des Buches enthält das Literaturverzeichnis spezifische Literatur zu einzelnen Fachbeiträgen.

*In meinem Behindertenleben
werde ich oft vermieden und bemitleidet.
Ich will aber nicht bemitleidet werden,
sondern geachtet als Mensch
mit sehr kämpferischen Eigenschaften,
der sich Bemerkung verschaffen will
durch seine Fähigkeiten, die er hat.*

Lutz Bayer, Autist

Vorwort

„In der Bundesrepublik leben vermutlich 40 000 autistisch behinderte Menschen, etwa 5000 bis 6000 befinden sich in der Altersgruppe zwischen 4 und 15 Jahren" *(Mitteilungsblatt des Bundesverbandes – „Hilfe für das autistische Kind", o. J.).* Insbesondere letztere Information muss Schule und Lehrerschaft auf den Plan rufen und in die pädagogische Pflicht und Verantwortung nehmen.
Vom Symptom des Autismus sind erheblich mehr männliche als weibliche Personen betroffen. Das Verhältnis beträgt etwa 4:1. Kinder mit Autismus finden sich bereits in Kindergärten. Aber auch alle Schularten, von Förderschulen über Grundschule und Hauptschule bis hin zu Realschule, Gymnasium und Berufsschule werden von jungen Menschen mit Autismus besucht. Das Erscheinungsbild des Autismus erstreckt sich demnach auf Menschen vom Kindesalter bis zum Erwachsenenalter.
Man bezeichnet den Autismus als Beeinträchtigung, als Störung, als Behinderung, als Krankheit und als Syndrom. Die Einschätzung ist davon abhängig, ob man sich einer pädagogischen oder medizinischen Sehweise bedient. Diese Begriffsvielfalt macht aber auch offenkundig, dass man dieses Phänomens nicht mit eindeutiger Klarheit habhaft werden kann, obgleich heute Konsens darüber besteht, dass es sich beim Autismus um eine Behinderung handelt. Es ist geboten, auf eine personenbezogene, stigmatisierend-etikettierende Zuweisung – etwa im Sinne von: „Du bist ein Autist" – zu verzichten. Vielmehr ziemt es sich, von Menschen mit autistischen Verhaltensweisen zu sprechen. Sind autistische Verhaltensweisen bei Kindern und Jugendlichen nicht in besonderer Weise ausgeprägt, gelten sie zwar als Sonderlinge, es wird ihnen aber

keine individuelle Betreuung oder Therapie zuteil. In der Vergangenheit hat man das Erscheinungsbild des Autismus – häufig unwissend oder unreflektiert – mit geistiger Behinderung identifiziert. Deshalb werden so genannte schwere Fälle nicht selten in schulische Einrichtungen zur individuellen Lebensbewältigung (ehedem: Schulen für Geistigbehinderte) eingeschult und dort gefördert.

Die Häufigkeit des autistischen Syndroms wird selbst von erfahrenen Pädagogen oftmals unterschätzt. Sie verkennen, dass sich Kinder und Jugendliche mit autistischen Zügen in ihren Klassen befinden. Weil es den Lehrern, auch den Sonderschullehrern, hinsichtlich dieses Krankheitsbildes häufig an Fachkompetenz mangelt, wird der Handlungsbedarf nicht oder zu spät erkannt. Die Eltern dieser Kinder fühlen sich von der schulischen Seite bisweilen zu wenig unterstützt. Sie suchen deshalb nach ärztlicher Hilfe, eignen sich Wissen aus Fachliteratur an oder schließen sich in Selbsthilfegruppen und Verbänden zusammen. Aus diesem Grund zeigen sich Eltern über das Autismus-Syndrom nicht selten informierter als jene Lehrkräfte, denen sie ihre Kinder anvertrauen.

Es ist deshalb unabdingbar, dass sich alle Lehrer über Ursachen, Erscheinungsformen und Auswirkungen von Autismus kundig machen mit dem Ziel, in Erziehung und Unterricht für sich selbst Hilfe zu finden und zugleich den betroffenen Eltern Rat und Unterstützung geben zu können.

Die vorliegende Publikation strebt an, bei allen Erziehungsverantwortlichen breite Aufklärungsarbeit zu leisten, die jungen Menschen mit autistischen Verhaltensweisen zum Nutzen gereicht.

– Sie stellt eine wichtige Informationsquelle für Studierende und für Studienreferendare des Lehramts an Förderschulen, Grundschule und Hauptschule, an Realschule und Gymnasium dar.
– Sie gewährt den Lehrern aller Schularten Einblick in eine bislang weitgehend unbekannte Mehrfachbehinderung.
– Sie sensibilisiert die Lehrer für das Handeln und Verhalten dieser Kinder und Jugendlichen.
– Sie bietet Ansätze zu angemessenem Umgang mit dem schwierigen Phänomen des Autismus.
– Sie gibt allen Erziehungsverantwortlichen, die sich der Förderung, der Betreuung und Therapie von jungen Menschen mit Autismus widmen, nützliche Informationen, fachliche Hilfe und wertvolle Orientierung.

München, im März 1999   Bruno J. Schor · Alfons Schweiggert

 **Autismus und seine Geschichte**

1.1 Autismus bis 1900

In der Menschheitsgeschichte offenbaren sich immer wieder Personen mit rätselhaft-scheuem, für die Allgemeinheit unerklärlichem Verhalten. Die Historie kann bezeugen, dass diese Menschen häufig schon im Kindesalter aus der familiären Gemeinschaft ausgestoßen wurden. Sie darben jenseits der Sozialisation. Ihr Lebensschicksal endete meist in tragischer Vereinzelung und Vereinsamung. Als „wilde Menschen" hausten sie in freier Natur, bisweilen sogar mit Tieren zusammen. Aus dem 14. Jahrhundert sind insbesondere der „hessische Wolfsjunge", aber auch andere „Wolfskinder" bekannt, etwa der „wilde Junge von Aveyron", der im Jahr 1799 bei Rodez in Spanien in einem Wald unbekleidet aufgefunden wurde. Der Arzt *Jean-Marc-Gaspard Itard* gab ihm den Namen „Victor". Aufgrund seiner Verhaltensweisen attestierte man ihm eine „angeborene Idiotie". Auch Kaspar Hauser gehört zu diesen rätselhaften Menschengestalten. Er lebte von 1816 bis 1828 in einem isolierten, dunklen Raum und wuchs ohne menschliche Kontakte auf.
Berichte aus Amerika von 1809 und aus England von 1930 schildern ähnliche Schicksale. Demnach legten Menschen Kontakt-, Sprach- und Verhaltensauffälligkeiten an den Tag, die nach gegenwärtigem Verständnis in enger Beziehung zum autistischen Syndrom stehen. Bis heute bleibt es im Dunkeln, ob es sich bei diesem Personenkreis um Menschen mit autistischen Verhaltensweisen handelte, oder um eine Population, die aufgrund der spezifischen Persönlichkeitsstruktur in Verbindung mit unangemessenem sozialem Verhalten ihre Umgebung überforderte. Es bleibt ebenso unentschieden, ob die beobachteten Störungen durch mangelnde oder fehlende Sozialbezüge entstanden sind. Die Gesellschaft hat diese Menschen mit autistischen Verhaltensweisen bis weit ins 20. Jahrhundert als geistig behindert eingeschätzt. Sie fristeten ihr Dasein meist in Armenhäusern, Hospitälern oder Irrenanstalten und galten vielfach als Menschen ohne Würde.

1.2 Autismus von 1900 bis 1945

Der Begriff 'Autismus' wurde erst im Jahr 1911 von dem Schweizer Psychiater *Eugen Bleuler* als medizinischer Fachbegriff geprägt und dem Bereich der schizophrenen Erkrankungen zugeordnet. Nach Einschätzung von *Bleuler* sind autistische Verhaltensweisen dadurch gekennzeichnet, dass bei diesem Personenkreis erhöhte Kontaktabwehr- und Rückzugstendenzen sowie Störungen des Realitätsbezuges offenkundig werden.

Im Jahr 1943 berichtete der amerikanische Kinderpsychiater *Leo Kanner* über elf Kinder, die signifikante Auffälligkeiten zeigten. Bei ihnen offenbarten sich eigentümliche Sprechweisen und die Verweigerung sprachlicher Äußerungen. Sie legten massive Beziehungsstörungen an den Tag oder waren unfähig, mit anderen Menschen in Kontakt zu treten. Überdies fühlten sie sich insbesondere in einer störungsarmen, stets gleich bleibenden Umgebung wohl. Bei der Beschreibung dieser Auffälligkeiten griff *Kanner* auf *Bleulers* Definition von Autismus zurück und bezeichnete die beobachteten Störungen als „autistische Störungen des emotionalen Kontaktes" und als „Frühkindlichen Autismus".

Ebenfalls im Jahr 1943 beschrieb der österreichische Kinderarzt *Hans Asperger* in seiner Habilitationsschrift die höchst eigenwilligen Verhaltensauffälligkeiten eines Jungen und diagnostizierte sie als „Autistische Psychopathie". Noch heute werden vorwiegend intelligente autistische Personen mit dem so genannten *Asperger Autismus* bezeichnet.

1.3 Autismus nach 1945

Auch nach dem Zweiten Weltkrieg dominierten in der Wissenschaft weiterhin die Ergebnisse und Einschätzungen von *Bleuler, Kanner* und *Asperger*. In England gelangten im Jahr 1979 die Psychiater *Lorna Wing* und *Judith Gould* zu neuen Erkenntnissen, die im Besonderen soziale Defizite als elementare Verursachungen für die Entstehung von Autismus benannten.

In den 70er Jahren traten in der Autismusforschung neurologische Aspekte in den Vordergrund. Erwähnung verdienen vor allem Elemente der Wahrnehmungsverarbeitung. Im Gefolge rückte das Aufdecken von Hirnfunktionsstörungen in den Mittelpunkt der Forschungen. Rasch gelangte man zur Einsicht, dass jenes über lange Zeit hinweg geltende psychogenetische Konzept zu revidieren sei, das so genannte gefühlskalte Mütter für die autistischen Störungen ihrer Kinder verantwortlich machte.

Im Jahr 1984 lieferte der Londoner Professor *Michael Rutter* neue und umfassende Sehweisen von Sprachbehinderung und Autismus. Während *Kanner* ehedem die Meinung vertrat, autistische Kinder und Jugendliche besäßen eine durchschnittliche Intelligenz, verwies *Rutter* auf die Unterschiede in der Intelligenz. *Elisabeth Newson* aus England erweiterte *Rutters* Einschätzungen und hob eine „Beeinträchtigung in allen Kommunikationsarten" (*Aarons/Gittens* 1994, 23) hervor. Zugleich bezog sie auch mimische und gestische Äußerungen ein.

Neben der medizinischen Forschung widmeten sich die Eltern dieser Kinder bereits in früher Phase und mit hohem Engagement dem autistischen Erscheinungsbild. Im Jahr 1962 entstand aufgrund einer Elterninitiative in London die „National Autistic Society". Sie strebte mit Macht die Gründung von Schulen für autistische Kinder an. Im Nachgang schlossen sich Eltern in vielen Ländern zu Verbänden zusammen, um in enger Kooperation mit Medizinern, Therapeuten und Pädagogen ihren autistischen Kindern zu einer positiven Lebensgestaltung zu verhelfen.

Im Jahr 1976 erwuchs auch in Deutschland aus einer Interessengemeinschaft von Eltern autistischer Kinder der Verband *Hilfe für das autistische Kind e.V.* Diese Solidargemeinschaft bietet seit mehr als drei Jahrzehnten den betroffenen Familien vielfältige Hilfe an. Die Unterstützung geschieht insbesondere durch Elternveranstaltungen, durch Gesprächskreise, durch themenzentrierte Arbeitsgruppen in Fortbildungsseminaren sowie in Beratungsstellen. Diese wirkungsvolle Begleitung erleichtert etwa die Suche nach einer kindgemäßen Schule oder Tagesstätte, die Bereitstellung von Betreuerdiensten oder die Organisation von Freizeitveranstaltungen.

Etwa seit Mitte der 90er Jahre folgte eine zunehmende Ausweitung an Selbstaussagen von Autisten. Diese Informationen belegen, dass diese Menschen fähig sind, die Mitwelt im Hinblick auf ihre Mehrfachbehinderung zu sensibilisieren und Verständnis für die eigene Person zu wecken.

2 Autismus, ein aktuelles Gegenwartsproblem

2.1 Distanz und Intoleranz in der Gesellschaft

Erst in jüngster Zeit wurde insbesondere von der betroffenen Elternschaft das Phänomen des Autismus vermehrt in das Bewusstsein der Öffentlichkeit gerückt. Gleichwohl, noch immer haben Eltern von autistischen Kindern Hemmung, bisweilen Scheu, am öffentlichen Leben teilzunehmen. Sie spüren und erleben häufig ein hohes Maß an offener oder latenter Ablehnung von Mitmenschen, die nicht selten hinter vorgehaltener Hand die Eltern persönlich für das als eigenartig-negativ empfundene Verhalten ihrer Kinder verantwortlich machen.
Despektierliche Bemerkungen wie: „Die können ihre Kinder nicht richtig erziehen!" oder „Wie die Eltern, so die Kinder!" führen zu Vorverurteilungen und drängen diese jungen Menschen zu Unrecht als Stigmatisierte ins Abseits. Letztere erleben ihrerseits die Tatsache, dass in ihrer Lebenswirklichkeit kaum Angebote zu außerhäuslichen Aktivitäten und zu gesellschaftlicher Teilhabe gegeben sind. Dieses Dilemma erweist sich als außerordentliche Minderung ihrer ohnehin erheblich beeinträchtigten Lebensqualität und als zusätzliche Erschwernis für ihr häufig schwer zu ertragendes Schicksal.
Immer hängt die familiäre Belastung davon ab, welche Verständnisbereitschaft in der Gesellschaft für das Problem des Autismus vorhanden ist. Indes, auch aktuell dominiert in der Öffentlichkeit – sei es aus Unkenntnis, aus mangelnder Sensibilität, aus fehlendem Bewusstsein oder aus kritischer Distanz – nach wie vor die Tendenz zur Ausgrenzung von autistischen Menschen. Den Eltern fehlt häufig die dringend benötigte Entlastung durch bejahende, positive Zuwendung von Menschen aus ihrem Umfeld. Die offenkundige Zurückweisung und die dadurch hervorgerufene Isolation kann einzig durch intensive, sensible und zugleich nachhaltig-kontinuierliche Öffentlichkeitsarbeit Schritt für Schritt beseitigt werden.

2.2 Situation und Reaktion von Eltern mit autistischen Kindern

Wie bei allen schweren Behinderungen, so haben auch die Eltern von autistischen Kindern erhebliche persönliche und familiäre Belastungen zu ertragen. Sie unterliegen chronischem Stress, der sich mit zunehmendem Alter des Kindes meist erhöht. Er wird vor allem durch übermäßige zeitliche Beanspruchung hervorgerufen.

Dieser Druck zieht nicht selten massive Störungen im familiären Zusammenleben nach sich. Vor allem die Mütter sind meist die Leidtragenden. Ehen geraten bisweilen in Gefahr, Scheidungsabsichten werden geäußert. Depressive Verstimmungen sind häufig zu beobachten. Gesunde Geschwister werden von den Eltern vielfach vernachlässigt. Eine Befragung von *Bristol* (1979) bei 40 Müttern von autistischen Kindern im Alter von vier bis 19 Jahren ergab eine Rangordnung hinsichtlich der Angebote, die Mütter als wertvolle Hilfe empfinden.

Von größter Wichtigkeit war für sie die Gewissheit, dass ihnen und ihren Kindern Personen mit Professionalität durch Rat und Tat zur Seite standen. Sie schätzten es als große Entlastung, dass sie über geeignete Möglichkeiten informiert wurden, wie sie ihre Kinder in ihrer Persönlichkeitsentwicklung hilfreich begleiten konnten.

Am zweiten Rang der Wunschskala erbaten sich die Mütter begleitende Unterstützung zur Stabilisierung ihrer familiären Situation und zur Stärkung der Partnerschaft.

Überdies erklärten viele Mütter, dass ihnen ihre religiöse Bindung inneren Halt böte. Diese Frauen lebten in der Überzeugung, die ihnen auferlegte Bürde sei gottgewollt. Hieraus schöpften sie Kraft, die Sorgen und Probleme mit ihrem autistischen Kind anzunehmen, zu ertragen oder zu bewältigen.

Zuletzt, so die Erhebung, war es den Müttern ein Bedürfnis, sich besonders nach Phasen hoher Belastung wenigstens kurzzeitig – ohne ihr Kind – ihren persönlichen Interessen und Neigungen hinzugeben, um sich im Gefolge entspannt und mit Tatkraft erneut ihrem Kind widmen zu können.

Eltern, die in Rückzug und Selbstisolation ihre Probleme zu bewältigen versuchen, resignieren in der Regel rascher, als jene, die sich wechselseitig mit Tat und Rat unterstützen. Der Zusammenschluss in Verbänden und Selbsthilfegruppen ist deshalb schon seit Jahrzehnten eine willkommene und nutzbringende Gelegenheit, gemeinsam nach individuellen und pragmatischen Lösungen für ihre Kinder zu suchen.

2.3 Verändertes Bewusstsein in der Sonderpädagogik

In jüngster Vergangenheit werden intensive Bemühungen unternommen, die Anteile gemeinsamen Lebens und Lernens von behinderten und nicht behinderten Kindern und Jugendlichen zu erhöhen. An die Stelle einer selektierenden Sonderpädagogik tritt mehr und mehr eine Sehweise von subsidiärer integrativer Sonderpädagogik. Die Vielfalt der Formen von schulischer Integration gereicht dem einzelnen Schüler mit Behinderung ebenso zum Vorteil wie dem Nichtbehinderten. Diese integrativen Maßnahmen lösen in hohem Maß das Ansinnen des Bayerischen Ministerpräsidenten *Edmund Stoiber* ein: „Mut zu mehr Solidarität bedeutet auch, Staat und Gesellschaft müssen offener mit Behinderten umgehen" (Regierungserklärung vom 8. Dezember 1994). Dieses gesellschaftliche Streben nach Offenheit verlangt auch nach pädagogischer Öffnung. Letztere kann auch Kindern und Jugendlichen mit autistischen Verhaltensweisen zugute kommen, wenn sich Schulen künftig in breitem Umfang diesen Menschen widmen. Die nicht behinderten Schüler lernen frühzeitig, ihnen natürlich und unbelastet zu begegnen. Dieses Miteinander erleichtert ein gemeinsames Leben im Erwachsenenalter. Deshalb messen betroffene Eltern den integrativen schulischen Bemühungen auch für die künftige Lebensgestaltung ihrer autistischen Kinder hohe Bedeutung bei.

2.4 Erfolge in der medizinischen und psychologischen Forschung

Im Hinblick auf die Erhellung des Krankheitsbildes Autismus leistet die Medizin durch differenzierte Diagnosen und verschiedene Behandlungsansätze einen wertvollen Beitrag. Sie ist bemüht, effektive Therapieformen zur Milderung dieser Mehrfachbehinderung zur Anwendung zu bringen. Bis auf den heutigen Tag werden alle jene Vorgehensweisen unterstützt, deren Ergebnisse sich wissenschaftlich eindeutig absichern lassen und die Erfolg versprechend erscheinen. Hier handelt es sich insbesondere um psychoanalytische, pharmakologische und spezifische pädagogische Methoden.

Seit dem Jahre 1943, als *Kanner* den frühkindlichen Autismus als wesenseigene Erkrankung erkannte, bemühen sich Ärzte, Psychologen und Psychotherapeuten um die Verbesserung von Diagnose und Behandlungsmethoden.

Erfolge sind ganz offenkundig, wiewohl diese nur mühsam und in kleinen Schritten gelingen. Gleichwohl werden diese positiven Ansätze von den hoffenden Eltern stets mit Interesse zur Kenntnis genommen und mit Bereitschaft mitgetragen.

Die aktuelle Presse veröffentlicht immer wieder Meldungen zum Thema Autismus und weckt etwa mit der nachfolgenden aktuellen Schlagzeile neue Hoffnung: „Erste Genspur bei Autismus entdeckt!" Autismus, so wird dabei konstatiert, „beruht auf einem genetischen Defekt, an dem jedoch mehrere Gene beteiligt sind. Dies macht die Suche nach den eigentlichen Ursachen so schwer. Nur wenn es gelingt, diese zu identifizieren, könnte möglicherweise eine Gentherapie gegen diese Erkrankung entwickelt werden. Hoffnung macht deshalb die Entdeckung eines Teams der Professorin *Annemarie Poustka* von der Abteilung für molekulare Genomanalyse (Erbgutanalyse) am Deutschen Krebsforschungszentrum in Heidelberg: Das Forscherteam hat in enger Zusammenarbeit mit Genetikern an anderen europäischen und amerikanischen Instituten zwei Regionen im menschlichen Erbgut identifiziert, die an der Entstehung des Autismus beteiligt sind ...‚Wir stehen aber erst am Beginn', so Poustka. ‚Ob jemals eine Behandlung der genetischen Ursachen möglich sein wird, das hängt von der Natur der Gene ab, nach denen wir nun suchen'" (*Münchner Merkur* vom 7. April 1998, 18).

Die Einsicht: „Wir stehen aber erst am Beginn!" ist gegenwärtig für alle medizinischen und psychologischen Autismus-Forschungen von hoher Bedeutung. Sie offenbart Realitätsnähe, selbst wenn kleine Erfolge die Hoffnung auf größere Fortschritte nähren.

3 Begriffliche Erhellung

Das Wort 'Autismus' entstammt dem Griechischen; αὐτός bedeutet „selbst". Mit Umschreibungen wie Selbstbezogenheit oder Ich-Zentriertheit im Sinne einer Abkapselung von der Umwelt ist dieses Phänomen freilich unzureichend beschrieben, denn Autismus definiert sich als „eine tief greifende Entwicklungsstörung, die zu schwerer Mehrfachbehinderung führt" (*10. Überarbeitung der International Classification of Diseases, der Internationalen Klassifikation der Krankheiten, ICD-10 Nr. F 84.0*). Diese Behinderung wird auch als frühkindlicher Autismus oder infantiler Autismus bezeichnet. Sie gilt bis zum gegenwärtigen Zeitpunkt als nicht heilbar, auch wenn immer wieder von einzelnen Heilungserfolgen berichtet wird. Gleichwohl können diese Menschen durch spezifische individuelle Förderung und durch angemessene Lebensbedingungen bis ins dritte Lebensjahrzehnt in ihrer Persönlichkeitsentwicklung erhebliche positive Fortschritte erzielen.

Es ist offenkundig, dass das Syndrom „in seinen verschiedenen Äußerungsformen kein abgrenzbares Krankheitsbild ist, sondern eine veränderte Lebens- und Entwicklungsform des Menschen darstellt, die auf verschiedene Ursachenkonstellationen begründet sein kann" (*Lempp* 1992, 95). Autismus offenbart sich in unterschiedlichen Schweregraden und Erscheinungsformen. Obgleich er sich bei Menschen mit allen Facetten von Begabung findet, weisen etwa 75% der Personen eine signifikante Intelligenzminderung auf. Indes, es ist irrig, Autismus mit geistiger Behinderung gleichzusetzen, denn diese Menschen sind in Teilbereichen zu Hochleistungen fähig, etwa in Mathematik, Musik oder in technischen Disziplinen.

Autistische Schüler mit durchschnittlicher Begabung sind in der Lage, die Schule zur individuellen Lernförderung, die Grundschule und die Hauptschule, im Einzelfall sogar die Realschule oder das Gymnasium zu besuchen. Es gibt Jugendliche, die eine Berufsausbildung erfolgreich absolvieren und bei intensiver begleitender Individual-Förderung trotz ihrer Behinderung in die Arbeitswelt integriert werden können.

4 Erscheinungsbilder des Autismus-Syndroms

„Der Begriff Syndrom umschreibt das Zusammentreffen mehrerer Symptome (Kennzeichen, normabweichende Merkmale), das entweder nach dem entdeckenden Wissenschaftler oder mit einem deskriptiven (beschreibenden) Namen bezeichnet wird (Beispiel: Asperger Syndrom, kombiniertes Syndrom)" (*Janetzke* 1993, 26).

Es gibt verschiedene Wege, sich dem Autismus-Syndrom zu nähern. Die psychoanalytische Sehweise unterscheidet sich etwa erheblich von verhaltenstherapeutischen oder neurologischen Positionen. Diese konträre Einschätzung ruft auch divergierende Formen bei Diagnose und Therapie hervor. Während ehedem vielfach psychogene Ursachen für Autismus benannt wurden, macht man gegenwärtig primär neurologische Störungen für diese Behinderung verantwortlich.

4.1 Ausprägung von mehreren Störungsphänomenen

Man kann Menschen mit autistischen Verhaltensweisen im Allgemeinen an der Häufung und Bündelung von typischen Merkmalen erkennen. Letztere sind durch eine so genannte *Summationsdiagnose* feststellbar:
Auffällige Erscheinungsbilder zeigen sich bis zum dritten, spätestens bis zum vierten Lebensjahr. Freilich treten bereits im Säuglingsalter vielfach Probleme beim Essen und Schlafen auf. Es entwickeln sich selbststimulierende Verhaltensweisen, die bisweilen bis zur Selbstverletzung führen.
Im Bereich der sensorischen Wahrnehmung können signifikante Unregelmäßigkeiten hinzutreten, denn die Verarbeitung von Sinnesreizen ist meist unzureichend ausgeprägt.
Es können auch Störungen im Sprachvermögen, in der Kommunikationsfähigkeit und in der Sozialkompetenz offenkundig werden. Sie verhindern es, dass der Autist zu anderen Personen, ja sogar zu den eigenen Eltern eine trag-

fähige emotionale Beziehung aufzubauen vermag. Sein repetitives Verhalten ist höchst eingeschränkt.

Angst vor Veränderungen und Rückzug aus sozialen Bezügen gelten als weitere prägende Kennzeichen.

Das Repertoire an Aktivitäten und Interessen kann deutlich verringert sein. Es bilden sich häufig sprachliche und motorische Stereotypien aus. Rituale und sich wiederholend-verfestigende Verhaltensweisen treten mitunter zu Tage.

Besonderheiten im äußeren Erscheinungsbild sind nicht unmittelbar erkennbar. Gleichwohl gibt es hierfür signifikante Hinweise: etwa ein ungelenker Gang, Schwierigkeiten in der grob- und feinmotorischen Koordination, eine bisweilen auffallende Stimmführung mit ungleichmäßigem Redefluss. Das Mienenspiel wirkt oft statisch-steif mit ungewöhnlich kurzem oder langem Blickkontakt bei Gesprächen. In ihrem Äußeren und in ihrem Auftreten wirken Menschen mit autistischem Verhalten nicht selten jünger, als es ihrem Lebensalter entspricht.

4.2 Kennzeichen der einzelnen Symptome

Man kann behaupten, dass erst dann die Diagnose von Autismus vorliegt, wenn mehrere unterschiedliche Symptome gemeinsam auftreten. Dabei gilt, dass Intensität und Ausprägung des Autismus in jenem Ausmaß wachsen, wie sich die einzelnen Störungsbilder addieren. Es ist deshalb unerlässlich, die typischen Merkmale der einzelnen Störungsbereiche im Detail zu verinnerlichen:

Signifikante Symptome in der sensorischen Wahrnehmung (Verarbeitung von Sinnesreizen)

Im Bereich des *Hörens* zeigen Menschen mit autistischen Verhaltensweisen im Allgemeinen Empfindlichkeit gegenüber Lärm und alltäglichen Geräuschen. Sie hören ungewöhnlich hohe und tiefe Töne. Sie erwecken bei intaktem Gehör den Eindruck von Taubheit.

Im Bereich des *Sehens* weisen sie häufig starke Lichtempfindlichkeit auf. Sie verfügen über keine ausreichende Hand-Auge-Koordination. Sie besitzen ein auffallend gutes oder schlechtes Orientierungsvermögen. Sie haben Schwierigkeiten beim Wiedererkennen von Gesichtern. Sie ignorieren oft Personen und Gegenstände in ihrem unmittelbaren Umfeld.

Im Bereich des *Geruchs- und Geschmacksempfindens* legen sie in der Regel hohe Sensibilität gegenüber Geruchs- und Geschmacksspuren an den Tag. Kaum wahrnehmbare Gerüche nehmen Einfluss auf ihr Handeln und Verhalten.

Im Bereich des *Tastens und Berührens* offenbaren sie häufig Unempfindlichkeit für Schmerz und Temperaturen. Meist zeigen sie Abneigung selbst bei leichtesten Berührungen, die sie oft als schmerzhaft empfinden. Sie weisen vielfach Empfindungslosigkeit in Gliedmaßen auf.

Signifikante Symptome im personalen Handeln

Sie verweigern sich häufig bei Veränderungen oder können verfestigte Handlungsabläufe nur in eingeschränktem Maß variieren. Es mangelt ihnen immer wieder an hinreichendem Gefahrenbewusstsein. Sie neigen zu Phobien, zu Schlaf- und Essstörungen, zu Wutausbrüchen, zu Aggressionen und Selbstverletzungen. Sie können selten kreativ spielen. Sie lachen oder kichern mitunter in unangemessener Weise. Sie fixieren sich auf spezifische Themen. Sie offenbaren Bewegungs-Stereotypien, indem sie etwa schaukeln oder hin- und herlaufen. Sie haben oft Zwänge, sind auf Alltagsrituale fixiert, etwa auf bestimmte Ordnungen, Regeln, Handlungen und Gewohnheiten.

Signifikante Symptome im sozialen Handeln

Menschen mit autistischen Verhaltensweisen missdeuten im Allgemeinen soziale und emotionale Signale. Sie meiden auch Blick- und Körperkontakt. Es mangelt ihnen an sozial-emotionaler Beziehungsfähigkeit. Kritischen Äußerungen begegnen sie hypersensibel. Sie zeigen unzureichende und unangemessene Reaktionen auf Emotionen anderer Menschen. Sie unterstützen ihre Wünsche durch Hinführen des Partners. Sie kapseln sich beim Spiel mit anderen Kindern ab. Sie weisen bisweilen Anzeichen von Distanzlosigkeit und Taktlosigkeit, aber auch von Ich-Zentriertheit und Intoleranz auf.

Signifikante Symptome in der Motorik

Sie drehen Gegenstände auffallend häufig und führen bizarre Bewegungen aus. Sie zeigen oft eine ungelenke Grobmotorik und gestörte Feinmotorik.

Signifikante Symptome in der Sprache

Es mangelt ihnen im Allgemeinen an Flexibilität im Sprachvermögen. Ihre Stimmführung ist zu laut oder zu leise. Sie sprechen bei eingeschränkter Modulation der Stimme meist zu schnell oder zu langsam. Sie besitzen auffällige sprachliche Eigenheiten, die etwa in weitschweifigem Erzählen, in Freude an umständlichen Formulierungen, in Echolalie und repetitivem Sprachgebrauch oder gar in teilweiser Verweigerung sprachlicher Äußerungen zu Tage treten.

Die dargelegten Wesensmerkmale und Symptome erweisen sich als nachhaltige Indizien dafür, dass autistische Störungen vorliegen können. Indes, erst eine exakte Differentialdiagnose durch die Kinder- und Jugendpsychiatrie trägt entscheidend zur Klärung des Störungsbildes bei.

Ursachen für die Entstehung von Autismus

Katrin Mildenberger

5.1 Komplexität der Verursachungen

Es ist nach wie vor ungeklärt, wodurch Autismus wirklich verursacht wird. Als allgemein gesicherte Erkenntnis gilt jedoch, dass es sich beim frühkindlichen Autismus um eine hirnorganisch bedingte Entwicklungsstörung handelt. Hinweise auf die organische Entstehung ergeben sich dadurch, dass erstens bei 29% der Autisten im Jugendalter epileptische Anfälle auftreten, obwohl sie in ihrer Kindheit neurologisch unauffällig erschienen, dass zweitens Jungen drei- bis viermal häufiger betroffen sind als Mädchen und dass drittens 75% aller autistischen Kinder mental retardiert sind als Ausdruck einer allgemeinen Hirnfunktionsstörung.

Autismus wird auch im Zusammenhang mit bestimmten körperlichen Störungen (z. B. einer Rötelembryopathie) und angeborenen Erkrankungen genannt. Allerdings sind spezifische medizinische Ursachen nur für eine geringe Zahl von Autisten aufzufinden (*Rutter* et al. 1994). Neben spezifischen Erkrankungen ist bei Autisten auch eine höhere Rate für Komplikationen während der Schwangerschaft und Geburt bekannt. Die prä- und perinatalen Probleme der Kinder mit Autismus sind im Vergleich zu jenen Komplikationen, die schwerere Folgeschäden wie eine spastische Cerebralparese und/oder geistige Behinderung hervorrufen, eher als wenig gefährdend zu werten. Es ist denkbar, dass die Schwierigkeiten während der Schwangerschaft und Geburt als Folge einer schon bestehenden Abnormität des ungeborenen Kindes auftreten, dass Verwicklungen während der Geburt aber nicht die Auffälligkeiten der Kinder verursachen. Überdies kann man annehmen, dass Schwangerschaftskomplikationen und Geburtsschäden keine große ursächliche Rolle spielen, möglicherweise aber die Ausprägung der autistischen Störung beeinflussen (*Rutter* et al. 1994).

Da der frühkindliche Autismus ein sehr unterschiedliches Erscheinungsbild bietet, besteht die Vermutung, dass es Menschen gibt, bei denen eine Veränderung des Erbguts den Autismus hervorruft, dass aber auch andere Faktoren für die Entstehung von Autismus verantwortlich sein können. Bekannte organische Ursachen sind häufig bei jenen Kindern zu identifizieren, bei denen der Autismus von einer schweren mentalen Retardierung begleitet wird. Bei den meisten autistischen Kindern bleibt die Ursache für das Auftreten der Erkrankung im Dunkeln.

5.2 Hirnorganische Veränderungen

Neuropathologische Untersuchungen zu Veränderungen in der Hirnanatomie und Histologie beim Autismus sind rar. Zum einen gibt es Befunde, die für eine unveränderte Hirnmorphologie sprechen, zum anderen konnte man aber auch strukturelle und zelluläre Veränderungen in Kleinhirn, Amygdala und Hippocampus entdecken, wobei besonders eine Dichteabnahme der Purkinjezellen im Kleinhirn auffiel (*Ritvo* et al. 1986). Diese neuroanatomischen Ergebnisse werden durch Untersuchungen mit bildgebenden Verfahren gestützt. Mit Hilfe der Kernspintomographie kam bei Autisten eine Unterentwicklung des Kleinhirns (cerebelläre Hypoplasie) zur Darstellung.
Funktionen des Kleinhirns umfassen die Erhaltung des Gleichgewichts, die Regulation des Muskeltonus und die Koordination von Bewegungen. Von der Hypoplasie sind nicht alle Bereiche des Kleinhirns betroffen, sondern nur bestimmte Teile (*Courchesne* et al. 1988), die sich in der Schwangerschaft zu einem anderen Zeitpunkt als das übrige Kleinhirn ausbilden. Gezielte Untersuchungen zum Hirnstoffwechsel mit der Positronen-Emissions-Tomographie (PET) im Kleinhirn von Autisten zeigten, dass die Hypoplasie nicht zu einer Unterfunktion in diesem Bereich führt (*Heh* et al. 1989). Ferner wurde festgestellt, dass bei Autisten im Verlauf der kindlichen Entwicklung Kleinhirn und Hirnstamm kleiner bleiben als bei gesunden Vergleichspersonen, obwohl beide Hirnareale wie bei den Kontrollpersonen wuchsen (*Hashimoto* et al. 1995). Diese Tatsache kann als Hinweis dafür gelten, dass die cerebellären Veränderungen und Symptome im Hirnstamm nicht durch einen fortschreitenden degenerativen Prozess verursacht werden, sondern schon vor der Geburt durch eine pränatale Schädigung bedingt sind. Die Bedeutung dieser Auffälligkeiten für eine autistische Störung könnte darin begründet sein, dass die Kleinhirnveränderungen kognitive Funktionen direkt beeinträchtigen. Ebenso könnte es als Ursache gelten, dass diese Veränderungen als Begleiterscheinungen zu Schädigungen in anderen Bereichen auftreten, die den

kognitiven und sozialen Schwierigkeiten zugrunde liegen. Diese Einschätzung kann auch Aufschluss über den Zeitpunkt der Schädigung geben, die zum Entstehen des Autismus führt.

5.3 Biochemische Indikatoren

Bei der Erhellung der Ursachen von Autismus wurde auch nach Auffälligkeiten im Stoffwechsel geforscht. Man suchte gezielt nach Veränderungen im Bereich der Neurotransmitter, die als Botenstoffe die Informationen zwischen den Nervenzellen weiterleiten.

Serotonin

Serotonin beeinflusst Vorgänge wie Schlafen, Essen, Schmerz, Stimmung oder Emotionen wie Aggressionen gegen die eigene Person und gegen andere. Serotoninhaltige Nervenzellen liegen im Hirnstamm (Raphekerne). Sie erreichen mit ihren Projektionsfasern fast alle anderen Areale des Gehirns und üben eine gleichmäßige, nicht akut modulierende Aktivität aus. Eine direkte Messung des Serotoningehaltes im Gehirn ist nicht möglich, aber es gibt verschiedene Messverfahren für die Körperperipherie (z. B. Serotoningehalt in den Blutplättchen).
Bei 25% der autistischen Kinder wurde ein erhöhter Serotoninspiegel im Blut nachgewiesen (*Minderaa* et al. 1986). Dieser Befund ist jedoch nicht spezifisch für Autismus, da der erhöhte Serotoninspiegel sich auch mit der häufigen geistigen Behinderung von autistischen Kindern gleichsinnig ändert (*Gillberg* 1988). Studien, die die Ursache der erhöhten Werte untersuchen – erhöhte Zahl und Volumen der Blutplättchen, erhöhte Serotoninsynthese oder verminderter Abbau von Serotonin –, haben uneinheitliche Ergebnisse erbracht.
Deshalb bleiben der Mechanismus und die Bedeutung dieser Stoffwechselstörung für Autismus noch unklar. Auf die Ergebnisse eines veränderten Serotoninstoffwechsels gründen sich Therapieversuche mit Substanzen, die in den Serotoninstoffwechsel eingreifen wie etwa Fenfluramin.

Dopamin

Dopamin wird mit psychiatrischen Erkrankungen in Zusammenhang gebracht, etwa mit der Schizophrenie. Dopamin wirkt als Botenstoff im extrapyramidal motorischen System und im limbischen System. Es beeinflusst auch die Motorik, das Ess- und Trinkverhalten und die Kognition. Überdies ist Dopamin eine Vorstufe in der Biosynthese der Botenstoffe Noradrenalin und Adrenalin (Katecholamine).

Etwa die Hälfte aller autistischen Kinder weisen im Liquor erhöhte Werte für Homovanillinsäure auf, das als Hauptprodukt des Dopaminstoffwechsels gilt (*Gillberg* et al. 1983), so dass auf einen erhöhten Dopaminspiegel geschlossen werden kann. Diese Störung des dopaminergen Systems von autistischen Kindern scheint nicht im Zusammenhang mit einer gleichzeitig vorhandenen geistigen Behinderung zu stehen (*Gillberg* 1988). Therapeutische Versuche der angenommenen dopaminergen Störung mit Dopaminantagonisten erscheinen Erfolg versprechend (*Campbell* et al. 1987).

Endorphine

Ausgehend von Untersuchungen mit Tieren, die nach Morphingabe autismusähnliche Verhaltensweisen wie Verminderung von Schmerzempfindlichkeit, Kontaktscheu oder Ängstlichkeit gegenüber Veränderungen entwickelten (*Panksepp; Saley* 1987), wurde der Opiatstoffwechsel bei Autisten untersucht. Es zeigte sich, dass bei 54% der Autisten der Endorphinspiegel erhöht war und zwar bei jenen Autisten, die sich vermehrt autoaggressiv verhielten und deren Schmerzempfindlichkeit herabgesetzt war (*Gillberg* et al. 1985).

Endorphine zählen zu den Opiaten und sind Neuropeptide mit einer morphinähnlichen Wirkung, die sowohl als Neurotransmitter wie auch als Hormon wirken. Sie sind im Zentralnervensystem weit verbreitet und werden mit einer euphorisierenden und schmerzlindernden Wirkung etwa bei Stress oder Verletzungen ausgeschüttet. Daher können die Veränderungen im Opioidsystem nicht als autismusspezifisch angesehen werden. Diese Befunde könnten aber im Zusammenhang mit selbstverletzendem Verhalten und geringer Schmerzempfindlichkeit von Autisten stehen, so dass hier medikamentöse Behandlungsversuche mit Opiatantagonisten ansetzen.

5.4 Genetische Faktoren

Chromosomale und andere genetische Veränderungen

Bei Menschen mit einer Verdoppelung oder gar Vervielfachung eines weiblichen Geschlechtschromosoms im Erbgut, unter denen sich auch Autisten befanden, konnten umfängliche Sprachauffälligkeiten und Probleme in der sozialen Interaktion beobachtet werden. Diese Anomalien bestehen nicht bei Frauen, denen ein X-Chromosom fehlt (XO, Turner-Syndrom). Dieser Tatbestand kann als Hinweis dafür gelten, dass eine erhöhte Anzahl von X-Chromosomen für autistische Verhaltensweisen prädisponierend sein könnte. Soziale Auffälligkeiten zeigen jedoch auch Männer mit einem verdoppelten Y-Chromosom. Auf dem Y-Chromosom gibt es Regionen, die eine gleiche Erbinformation tragen wie das X-Chromosom. Es ist denkbar, dass mehrere Gene auf dem X-Chromosom existieren, die Ausprägung der Sprache und Verhalten kodieren, dass ferner Veränderungen an mehreren Genorten die autistischen Merkmale verursachen (*Gillberg* 1989).

Die Phenylketonurie (PKU), eine autosomal rezessiv vererbte Erkrankung, die heute durch Diät behandelt wird, ist die am besten untersuchte genetische Erkrankung, welche mit Autismus assoziiert ist. Die Krankheit wird durch einen Enzym-Mangel hervorgerufen. Ohne diätetische Behandlung offenbaren die Patienten ein breites Spektrum an autistischen Verhaltensweisen. Das fehlende Enzym Phenylalaninhydroxylase katalysiert einen wichtigen Schritt im Neurotransmitterstoffwechsel der Katecholamine. Der Mangel führt zu einer Entmarkung der Nervenfasern im Kleinhirn und in der Hirnrinde, neurochemisch zu einer Erhöhung des Dopaminspiegels. Gleichsinnige neurochemische Veränderungen konnten auch bei Autisten ohne PKU festgestellt werden. Autosomal dominant vererbte Erkrankungen, bei denen das Auftreten von Autismus beschrieben wird, sind die Neurofibromatose und die tuberiöse Hirnsklerose. Beide Erkrankungen gehen mit einer Veränderung der Neuroglia und einer daraus resultierenden Störung des Informationsaustausches im Zentralnervensystem einher.

Auch beim Rett-Syndrom, einer X-chromosomal gekoppelten, dominant vererbten Erkrankung bei Mädchen, die bei Jungen tödlich verläuft, treten im Verlauf autistische Verhaltensweisen auf, die sich aber in ihrer Ausprägung vom frühkindlichen Autismus unterscheiden.

Ein engerer Zusammenhang wurde zwischen Autismus und dem Fragilen X-Syndrom postuliert. Hiervon sind überwiegend männliche Patienten betrof-

fen. Überdies ist es mit einer geistigen Behinderung und einer typischen Physiognomie gekoppelt. Nach neueren Untersuchungen zeigte nur ein geringerer Prozentsatz der Patienten als bisher angenommen autistische Verhaltensweisen (*Rutter* et al. 1994). Deshalb ist nur ein Bruchteil der autistischen Erkrankungen auf diese Art der Chromosomen-Aberration zurückzuführen.
Nur in Einzelfällen waren bisher chromosomale Veränderungen im Erbgut von Autisten nachweisbar, meistens assoziiert mit einer geistigen Behinderung. Es ist noch nicht gelungen, eine Chromosomen-Aberration nachzuweisen, die bei allen Autisten gleichermaßen vorkommt.

Genetische Disposition

Sowohl die Geschlechtsverteilung unter Autisten, wonach Jungen drei- bis viermal häufiger als Mädchen betroffen sind, als auch eine familiäre Anhäufung legen die Vermutung nahe, dass eine genetische Disposition für Autismus besteht. Für eine erbliche Komponente spricht auch das 60- bis 100-mal höhere Risiko für eine Familie mit einem autistischen Kind, ein zweites Kind mit frühkindlichem Autismus zu bekommen, im Vergleich zu Familien, die kein autistisches Kind haben.
Zwillingsstudien, bei denen ein Zwilling Autist ist, haben gezeigt, dass die Konkordanz – also die phänomenologische Übereinstimmung – bei eineiigen Zwillingen im Vergleich zu zweieiigen Zwillingen gleichen Geschlechts sehr hoch ist. Bei identischen Zwillingen wiesen 36% der anderen Zwillinge ebenfalls einen frühkindlichen Autismus auf, während bei zweieiigen gleichgeschlechtlichen Zwillingen keiner der zweiten Zwillinge autistisch war (*Folstein/Rutter* 1977). Bezieht man in den Vergleich weitere sprachbezogene Störungen der Kognition ein, etwa Sprachentwicklungsstörung, schwere Artikulationsstörung oder Leseschwäche, so sind sich 82% der eineiigen Zwillingspaare, aber nur 10% der nichtidentischen Zwillinge darin ähnlich (*Le Couteur* et al. 1989). Zudem werden bei jenen nicht vom Autismus betroffenen zweieiigen Zwillingen im Verlaufe der Entwicklung Beeinträchtigungen in den sozialen Fähigkeiten offenkundig, ähnlich den Auffälligkeiten bei Autisten. Diese Symptome sind aber wesentlich geringer ausgeprägt.
Betrachtet man das Auftreten von sprachbezogenen Störungen der Kognition, von Beeinträchtigungen der sozialen Interaktion und von stereotypen Verhaltensweisen in Familien von einer Patientengruppe mit Down Syndrom, so sind die Verwandten der Autisten häufiger in dieser Hinsicht auffällig als die Verwandten der Vergleichsgruppe mit Down Syndrom (*Le Couteur* et al.

1989). Gleichzeitig besteht keine erhöhte Rate von geistiger Behinderung in den Familien von Autisten, so dass weniger die allgemeine Hirnfunktion als vielmehr genetische Faktoren das Verhalten zu beeinflussen scheinen (*Bailey* 1993). Viele Fragen nach Vererbungsmodus sowie Art und Lokalisation der Schädigung im Erbgut sind nach wie vor ungeklärt. Indes, es ist wohl unstrittig, dass genetische Einflüsse eine bedeutende ätiologische Komponente in der Entstehung von Autismus darstellen. Ungeklärt ist auch die Frage, ob die autistische Störung als Ganzheit oder ihre Komponenten vererbt werden, etwa die Disposition zu kognitiven, emotionalen und sprachlichen Störungen.

5.5 Psychologische Aspekte

Es gibt Autoren, die das Entstehen einer autistischen Störung auf ein schweres emotionales Trauma in der Schwangerschaft oder in der Kindheit zurückführen. Heute besteht jedoch weitgehender Konsens darüber, dass die autistische Störung nicht reaktiv auf ein emotionales Trauma entsteht. An dieser Stelle sollen zwei Theorien kurz erwähnt werden, die auf die Autismusforschung Einfluss genommen haben.
Nach *Bettelheim* (1967) führen Störungen im frühen Kontaktnahmegeschehen und im Kommunikationsprozess zu einer defizitären Entwicklung der Vorstellung vom Selbst, vom Ich. Deshalb lernt das Kind nicht, durch autonomes Handeln auf seine Umwelt persönlich Einfluss zu nehmen und flüchtet sich in autistische Verhaltensweisen. Nachweisbare hirnorganische Veränderungen stellen sich nach *Bettelheim* als Folge dieser psychischen Verelendung ein.
Ausgehend von Beobachtungen der Ethologie erfassen *Tinbergen/Tinbergen* (1983) eine Reihe von autismogenen Faktoren, die sie für das Entstehen von Autismus verantwortlich machen. Diese den Autismus auslösenden Faktoren erscheinen sehr heterogen und reichen von einer Rötelerkrankung der Mutter während der Schwangerschaft bis hin zu relativ belanglosen Aktivitäten der Mutter, etwa häufige Besuchsfahrten im Kleinkindalter.
Zusammenfassend kann zu jenen Theorien, die eine problematische soziale und emotionale Umwelt als Ursache für Autismus verantwortlich machen, konstatiert werden: Ungünstige Sozialisationsbedingungen können allenfalls als Faktoren gelten, die die kindliche Entwicklung negativ beeinflussen. Es ist jedoch nicht denkbar, dass diese Faktoren ursächlich zu einer so tief greifenden Entwicklungsstörung führen, wie sie der frühkindliche Autismus darstellt.

Es besteht weitgehende Übereinstimmung darin, dass autistische Kinder eine Wahrnehmungsstörung oder eine Störung der Wahrnehmungsverarbeitung aufweisen. Unterschiedliche kausale Faktoren können zu Veränderungen bei der Reizaufnahme, bei der Bewertung und Verarbeitung des Wahrgenommenen und somit zu einem vom Üblichen abweichenden Erleben der Realität führen. Es besteht bis heute kein Konsens darüber, welche Prozesse der Reizaufnahme, der Reizweiterleitung, der Reizverarbeitung und der Reizbeantwortung gestört sind.

Die folgenden beiden Hypothesen zur Verursachung des autistischen Verhaltens können als theoretische Modelle gelten, um autistisches Verhalten zu erklären. Sie zielen nicht darauf ab, den Ursachen der Wahrnehmungsstörung auf den Grund zu gehen.

Die sozialen und emotionalen Störungen von Autisten sind nach *Hobson* et al. (1988) primär affektiv bedingt, da diese Menschen die angeborene Unfähigkeit besitzen, emotionalen Kontakt zu anderen Personen aufzubauen. Aus dieser Grundstörung lassen sich die weiteren Defizite ableiten. In der Regel vermögen Kinder von Geburt an Gefühle anderer zu bemerken und zu verstehen. In dieser biologisch vorgebahnten Fähigkeit, die Empfindungen des Gegenübers einordnen zu können, liegen die Beeinträchtigungen von Autisten. Dieser Mangel macht es ihnen unmöglich, Absichten und Vorstellungen anderer zu erahnen. Als zweitrangig werden andere Beeinträchtigungen erachtet, die für Autisten typisch sind, etwa zwanghaftes und stereotypes Verhalten oder motorische Auffälligkeiten.

Die Theorie von der kognitiven Grundstörung – theorie of mind (*Frith* 1992) – geht davon aus, dass Autisten beim kognitiven Erfassen der Wirklichkeit aufgrund eines angeborenen Defizits eine Fehlentwicklung nehmen, die dazu führt, dass ihnen die Vorstellungen von Bewusstseinslagen anderer Menschen (Metarepräsentationen) fehlen. Autisten können daher nicht entschlüsseln, dass ihr Gegenüber über eigene Ansichten, Überzeugungen und Vorhaben verfügt, die sein Handeln bestimmen und leiten. Mängel in diesem Bereich führen zu Schwierigkeiten in der sozialen Interaktion, weil zusätzlich zur sprachlichen Information über nonverbales Verhalten Hinweise auf die Vorstellungen des Interaktionspartners entschlüsselt und verstanden werden müssen.

Überlegungen und Theorien zu Störungen in der Informations- und Wahrnehmungsverarbeitung tragen dazu bei, bestimmte Aspekte von autistischen Verhaltensweisen zu erklären und zu verstehen. Sie bieten Ansätze zu Erfolg versprechender Therapie. Freilich ist es bis heute noch nicht gelungen, das gesamte Erscheinungsbild des frühkindlichen Autismus in einer einzigen Theorie darzustellen und ursächlich aufzuklären.

6 Diagnose

Michele Noterdaeme

6.1 Fachärztliche Diagnose

Der frühkindliche Autismus ist eine seltene Störung. Die Diagnose von Autismus beruht auf der Beschreibung des spezifischen kindlichen Verhaltens. Die wesentlichen Merkmale, die zur Diagnose von Autismus führen, sind in der Internationalen Klassifikation der Krankheiten der WHO *ICD-10* (10. Überarbeitung der *International Classification of Diseases*) sowie in der amerikanischen Klassifikation *Diagnostisches und Statistisches Manual Psychischer Störungen (DSM-IV)* zusammengefasst. Nach *ICD-10* und *DSM-IV* müssen qualitative Beeinträchtigungen im Bereich der sozialen Interaktion und der Kommunikation vorliegen. Die Störung ist außerdem durch eingeschränkte, sich wiederholende und stereotype Verhaltensmuster, Aktivitäten und Interessen charakterisiert. Diese Auffälligkeiten müssen vor dem 30. Lebensmonat vorhanden sein. Die einzelnen Verhaltensweisen, die unter diesen drei Hauptkriterien zusammengefasst werden, sind in den Tabellen 1 bis 3 dargestellt.

Tabelle 1

Qualitative Beeinträchtigung in der sozialen Interaktion
Unangemessene Einschätzung sozialer und emotionaler Signale
Fehlende Verhaltensanpassung im sozialen Kontext
Geringer Gebrauch sozialer und emotionaler Signale
Mangelnde Interaktion sozialer, emotionaler und kommunikativer Verhaltensweisen

Die Diagnose des frühkindlichen Autismus wird aufgrund der früheren und der bestehenden Verhaltensauffälligkeiten des Patienten gestellt. Sie beruht auf der Verhaltensbeschreibung der Bezugspersonen. Insbesondere sind die signifikanten Verhaltensprobleme im Kindergartenalter von Bedeutung, weil offenkundig vom vierten bis fünften Lebensjahr die für den Autismus typischen Verhaltensweisen am ausgeprägtesten sind.

Tabelle 2

Qualitative Beeinträchtigung der Kommunikation
Fehlen von Gesten, Mimik oder Sprache in sozialen Interaktionen Mangelhafte oder fehlende Synchronie im Gespräch Nicht-Verstehen von mimischer und stimmlicher Information Auffälligkeiten in der Intonation Unangemessene Sprachanwendung Beeinträchtigungen im „So-tun-als-ob"-Spiel und im sozial imitierenden Spiel

Tabelle 3

Eingeschränkte, sich wiederholende und stereotype Verhaltensmuster, Interessen und Aktivitäten
Stereotype Bewegungen Kaum kreatives Spiel Eingeschränkte, repetitive Interessen Stereotype Beschäftigung, etwa mit Daten, Fahrplänen, Fahrtrouten Zwanghaftes Verhalten und Rituale im Alltag Bestehen auf immer gleich bleibenden Abläufen

Neben der Verhaltensbeschreibung durch die Bezugspersonen gilt die direkte Beobachtung des Verhaltens als wichtiger Teil der Diagnostik. In den letzten Jahren wurden Testverfahren entwickelt, die in den meisten Fällen eine zuverlässige Diagnose ermöglichen. Einen Überblick über dieses Instrumentarium enthält die Tabelle 4.

Tabelle 4

Instrument	Altersspanne	Autoren
Screening		
CHAT	1,5 bis 3 Jahre	Baron-Cohen et al. 1992
ABC	ab 3 Jahren	Krug et al. 1980
Diagnose		
CARS	alle Altersgruppen	Schopler et al. 1988
ADI-R	ab 18 Monaten	Le Couteur et al. 1989; Lord et al. 1994
ADOS	ab 6 Jahren	Lord et al. 1989
PL-ADOS	3 bis 6 Jahre	Dilavore et al. 1995

Screening-Instrumente

CHAT (Checklist für Autism in Toddlers)

Dieses Instrument wurde in der medizinischen Praxis für die Hand des Kinderarztes entwickelt. Es ist ein kurzes, aus zwei Teilen bestehendes Diagnostikum. Neben neun Fragen an die Eltern werden fünf Verhaltensmerkmale in der Untersuchungssituation beobachtet. Die Durchführung des CHAT dauert etwa 15 Minuten und wurde in England im Rahmen der Vorsorgeuntersuchung bei 16 000 Kindern im Alter von 18 Monaten erprobt. Es zeigte sich, dass fast alle Probanden, die mit 18 Monaten im CHAT als auffällig eingestuft wurden, mit 30 Monaten die Diagnose eines frühkindlichen Autismus erhielten. Die Anzahl der Kinder, die anhand des CHAT als falsch positiv identifiziert wurden, war nur sehr gering. Insgesamt erwies sich der CHAT als nützliches und praktikables Screening-Instrument (*Gillberg* et al. 1996).

ABC (Autism Behavior Checklist)

Die ABC ist ein aus 57 Items bestehender Fragebogen, der als Screening-Instrument zum Erfassen autistischer Verhaltensweisen bei Personen mit einer intellektuellen Behinderung entwickelt wurde. Der Fragebogen erweist sich vor allem als wirkungsvoll bei der Einschätzung des Schweregrades von autistischen Symptomen und bei der Verlaufsdokumentation dieser Merkmale über einen längeren Zeitraum. Als diagnostisches Instrument im Sinne eines spezifischen Screenings für den frühkindlichen Autismus ist der Fragebogen nicht hinreichend geeignet. Die Begründung dafür liegt in seinem Aufbau. Es werden schwerpunktmäßig eher generelle, nicht-adaptive Verhaltensweisen erfasst und weniger die für den Autismus spezifischen qualitativen Beeinträchtigungen im Bereich der sozialen Interaktion und Kommunikation.

Diagnose-Instrumente

CARS (Childhood Autism Rating Scale)

Bei diesem Instrument (deutsche Fassung: *Steinhausen* 1988) handelt es sich um eine Beurteilungsskala, die insgesamt 14 Funktionsbereiche prüft. Die Wertung der einzelnen Items erfolgt auf einer vierstufigen Skala (von 1 = unauffällig bis 4 = hochgradig abnorm). Die diagnostische Einschätzung wird auf der Grundlage des Gesamtwerts und der Anzahl von Funktionsbereichen bestimmt, in denen das Kind eine Beurteilung von (3) oder höher erhält.
Kinder mit einem Gesamtwert von 37 oder höher und einer Bewertung von (3) in insgesamt fünf Funktionsbereichen werden als hochgradig autistisch bezeichnet. Kinder mit einem Gesamtwert zwischen 30 und 36, die aber eines der beiden eben aufgeführten Kriterien nicht erfüllen, gelten als leicht bis mittelgradig autistisch. Werte unter 30 werden als nicht autistisch interpretiert.
Es verbietet sich, diese Beurteilungsskala als einziges diagnostisches Instrument zu verwenden. In Populationen von Kindern mit multiplen Entwicklungsstörungen in Kombination mit Sinnesstörungen und körperlichen Behinderungen kann man von einer hohen Zahl falscher Klassifikationen ausgehen.

ADI-R (Autism Diagnostic Interview-Revised)

Das ADI-R (deutsche Fassung: *Schmötzer* et al. 1991) ist ein standardisiertes, halbstrukturiertes, untersuchergeleitetes Interview. Es basiert auf Angaben der Eltern und der engsten Bezugsperson des Kindes. Dabei werden für den Autismus typische Verhaltensweisen im Verlauf der Entwicklung erfragt. Der Untersucher verschafft sich durch Fragen über konkrete Aktionen und Reaktionen ein Bild vom Kind und beurteilt dann das Verhalten. Anhand der verschiedenen Fragen wird am Schluss des Interviews mit Hilfe eines Algorithmus eine Summe für die drei Verhaltensbereiche „Soziale Interaktion",

„Kommunikation" und „Repetitives Verhalten" gebildet. Bei Überschreiten eines Grenzwertes in allen drei Bereichen erfolgt die Zuordnung zu der Diagnose 'frühkindlicher Autismus'. Das Interview dauert etwa 90 bis 120 Minuten. Für den Untersucher sind Beherrschung des Interview-Verfahrens und ein hohes Maß an Erfahrung im Hinblick auf das Verhalten autistischer Kinder unabdingbar, um die einzelnen Verhaltensweisen zuverlässig einschätzen zu können. Untersuchungen haben gezeigt, dass die Zuordnung auch für Personen mit guter kognitiver Begabung relativ sicher erfolgen kann.

ADOS und PL-ADOS (Autism Diagnostic Observation Schedule)

Das Interview mit dem Patienten (deutsche Fassung: *Rühl* 1996) ist ein halbstandardisiertes Interview, in dem eine Reihe von Situationen geschaffen werden, die soziale Interaktion hervorrufen. Das Interview dauert etwa 30 bis 45 Minuten und kann bei Kindern ab dem sechsten Lebensjahr, mit einem Entwicklungsalter von mindestens drei Jahren, eingesetzt werden.
Das PL-ADOS (Prelinguistic ADOS) ist für jüngere Kinder oder für Kinder ohne Sprachentwicklung bestimmt. Es ist rascher durchzuführen und orientiert sich am Verhalten von schwer behinderten Kindern.
Der Untersucher beurteilt das Verhalten nach vorgegebenen Kategorien. Die Beurteilungen werden – wie beim ADI-R – für jeden Verhaltensbereich zusammengefasst. Ein Algorithmus erlaubt die Zuordnung nach den Kriterien 'autistisch' – 'nicht autistisch'. Auch für dieses Instrument ist ein Training für jeden Untersucher unentbehrlich.
Das ADOS und das ADI-R sind inzwischen die meist verwendeten Instrumente in der Diagnostik autistischer Störungen. In der Verknüpfung erlauben sie in der Hand des geschulten und erfahrenen Untersuchers eine sichere Diagnose. Es darf davon ausgegangen werden, dass eine Diagnose meist im Alter von drei Jahren sicher gestellt werden kann. Bei jüngeren Kindern erfolgt großenteils eine vorläufige Diagnose.
Trotzdem wird immer wieder beobachtet, dass bei intellektuell gut begabten Autisten die Diagnose nicht gestellt wird und die Auffälligkeiten anderen Diagnosen zugeordnet werden. Auch bei Patienten mit anderen schweren Entwicklungsstörungen, etwa mit geistiger Behinderung in Kombination mit Sinnesbehinderungen und Verhaltensauffälligkeiten, ist die diagnostische Abgrenzung von Autismus erschwert.

6.2 Diagnostische Klassifikation

Tief greifende Entwicklungsstörungen sind charakterisiert durch qualitative Beeinträchtigungen in der wechselseitigen sozialen Interaktion und Kommunikation sowie durch eingeschränktes, sich wiederholendes Verhaltensrepertoire. Diese qualitativen Beeinträchtigungen sind in allen Situationen ein bestimmendes Merkmal der betroffenen Person, variieren jedoch in ihrem Ausprägungsgrad. In den meisten Fällen besteht von frühester Kindheit an eine auffällige Entwicklung. Die Störungen sind aufgrund des Verhaltens definiert, unabhängig von der Intelligenzhöhe.

Bei der Klassifikation autistischer Störungen ist es wichtig, sowohl die Intelligenz als auch zusätzliche körperliche Symptome zu erfassen. Bei etwa 75% der Personen mit frühkindlichem Autismus liegt eine Intelligenzminderung vor, die sich zu einer Lernbehinderung oder zu einer geistigen Behinderung ausformt.

Bisweilen geht die Störung mit bestimmten somatischen Krankheitsbildern einher, etwa Tuberöse Sklerose, Fragiles-X-Syndrom, Infantile Zerebralparese. Eine hohe Anzahl von Autisten hat epileptische Anfälle. Etwa die Hälfte der Epilepsien tritt erstmals in der Pubertät auf, insbesondere bei autistischen Jugendlichen, die nicht sprechen können und in ihrem Verhalten sehr eingeschränkt sind.

Der frühkindliche Autismus wird in der ICD-10 der WHO (World Health Organization) im Kapitel F 8 „Entwicklungsstörungen" unter der Bezeichnung „Tief greifende Entwicklungsstörungen" (F 84) klassifiziert. Sie sind in Tabelle 5 zusammengefasst.

Tabelle 5

F 84	Tief greifende Entwicklungsstörungen
F 84.0	Frühkindlicher Autismus
F 84.1	Atypischer Autismus
F 84.2	Rett-Syndrom
F 84.3	Andere desintegrative Störung des Kindesalters
F 84.4	Hyperkinetische Störung mit Intelligenzminderung/Bewegungsstereotypien
F 84.5	Asperger-Syndrom

Wenn alle drei Hauptkriterien (siehe Tabellen 1 bis 3) erfüllt sind und wenn die Störung vor dem 30. Lebensmonat aufgetreten ist, wird sie unter *F 84.0 Frühkindlicher Autismus* klassifiziert. Der *Atypische Autismus* unterscheidet sich vom *Frühkindlichen Autismus* entweder durch das Alter bei Krankheitsbeginn oder dadurch, dass die diagnostischen Kriterien nicht in allen drei Bereichen erfüllt werden.

Das *Rett-Syndrom* kommt nur bei Mädchen vor. Hier folgt einer weitgehend normalen frühen Entwicklung ein teilweiser oder vollständiger Verlust der sprachlichen und motorischen Fähigkeiten. Das Abhandenkommen zielgerichteter Handbewegungen, Stereotypien in Form windender Handbewegungen und Hyperventilation sind charakteristisch.

Die Diagnose einer *desintegrativen Psychose* basiert auf einer normalen Entwicklung bis zum Alter von mindestens zwei Jahren, gefolgt von einer deutlichen Reduktion vorher erworbener Fähigkeiten. Die Beeinträchtigung in der sozialen Interaktion und Kommunikation trägt die für den Autismus typischen Merkmale.

Die Kategorie *Hyperkinetische Störung mit Intelligenzminderung/Bewegungsstereotypie* ist eine unzureichend definierte Störung von unsicherer nosologischer Validität.

Wenn neben Bewegungsstereotypien weitere Schwierigkeiten in der sozialen Interaktion und in der Kommunikation vorliegen, wird diese Störung meist unter *F 84.0* oder *F 84.1* klassifiziert.

Autismus ist eine komplexe Mehrfachbehinderung. Über die für die diagnostische Zuordnung notwendigen Kernsymptome hinausreichend treten oft zusätzliche, komorbide psychiatrische Störungen oder Symptome auf: Hyperkinetische Störungen, Enuresis, Enkopresis, Essstörungen, Schlafprobleme sowie aggressives und selbstverletzendes Verhalten. Diese Aspekte müssen in die Gesamtschau jeder Diagnostik einmünden.

7 Artverwandte Krankheitsbilder und Störungen

Hedwig Amorosa

Es gibt keinen „Labortest" für den frühkindlichen Autismus. Die Diagnose wird anhand einer Reihe von Verhaltensweisen gestellt, die zum Teil altersabhängig auftreten, wie dies im vorausgegangenen Kapitel beschrieben wurde. Der frühkindliche Autismus kann sich in Kombination mit einer Reihe von neurologischen Störungen und Stoffwechselstörungen zeigen, die in jedem Fall ausgeschlossen werden müssen. Andererseits gibt es Krankheitsbilder, die in bestimmten Phasen ihres Verlaufes oder auch auf Dauer zu Symptomen führen, die denen des frühkindlichen Autismus ähneln. Neben den übrigen tief greifenden Entwicklungsstörungen wie Asperger-Syndrom, Rett-Syndrom und desintegrativen Störungen existiert eine Reihe von Störungsbildern, die differentialdiagnostisch abgegrenzt werden müssen.

7.1 Andere tief greifende Entwicklungsstörungen

Das **Asperger-Syndrom** ist, wie der frühkindliche Autismus, durch eine Störung der sozialen Interaktion gekennzeichnet, durch eingeschränkte, eng umschriebene Interessen und stereotype Verhaltensweisen. Es fehlt jedoch die gestörte Sprachentwicklung. Gegenwärtig wird diskutiert, inwieweit es sich beim Asperger-Syndrom tatsächlich um ein eigenständiges Krankheitsbild handelt. Es ist etwa nicht möglich, Patienten mit einem frühkindlichen Autismus ohne kognitive Einschränkungen von Personen mit Asperger-Syndrom in neuropsychologischen Tests zu unterscheiden (*Pennington/Ozonoff* 1996).

Das **Rett-Syndrom** tritt nur bei Mädchen auf. Im Querschnittsbild kann es einem frühkindlichen Autismus sehr ähnlich sein. Kinder mit einem Rett-Syndrom entwickeln sich in den ersten sieben bis 24 Monaten völlig unauffällig. Dann kommt es ohne erkennbare Ursache zu einem Entwicklungsstillstand und später zum Verlust bereits erworbener Fähigkeiten. Im Kleinkind-

und Vorschulalter fallen die Kinder durch unangemessene Handbewegungen wie Händeringen und Waschbewegungen in Verbindung mit einem Verlust des Gebrauchs der Hände auf. Sehr typisch ist auch das Auftreten von Hyperventilation. Im vierten Lebensjahr entwickelt sich eine zunehmende Rumpfataxie. Bei dieser Störung müssen die Vorgeschichte und der Verlauf zur Differenzierung herangezogen werden.

Die **desintegrativen Störungen des Kindesalters** (etwa die *Hellersche Demenz*) umfassen eine Gruppe von Störungen, die durch eine normale Entwicklung bis zum Alter von mindestens zwei Jahren und durch einen innerhalb weniger Monate auftretenden Verlust vorher erworbener Fähigkeiten gekennzeichnet sind. Typischerweise kommt es zu allgemeinem Interessenverlust, zu schwerer kognitiver Beeinträchtigung, zu Abbau der Sprache und zu autismusähnlicher Störung der sozialen Interaktion und der Kommunikation. Organische Gründe für den Abbauprozess finden sich nicht. Der entscheidende Unterschied zum frühkindlichen Autismus liegt im Verlauf der Störung.

7.2 Abbauprozesse bei anderen hirnorganischen Erkrankungen

Viele hirnorganische Erkrankungen, die zu einem Abbau, also zu einer Demenz führen, können vorübergehend oder andauernd ein dem frühkindlichen Autismus ähnliches Verhaltensbild mit sich bringen. In vielen Fällen ist die Differentialdiagnose über die zusätzlich auftretenden motorischen Auffälligkeiten möglich oder es kann der zugrunde liegende Prozess mit entsprechenden Laboruntersuchungen festgestellt werden.

Spezifische Schwierigkeiten können sich in der Abgrenzung eines *Landau-Kleffner-Syndroms* ergeben. Dabei handelt es sich um den Verlust des Sprachverständnisses und später auch der expressiven Sprache bei gleichzeitig auftretenden speziellen Veränderungen im Schlaf-EEG. Ein Teil dieser Patienten hat epileptische Anfälle. In den meisten Fällen zeigen sich massive Verhaltensstörungen, während die kognitiven Fähigkeiten erhalten bleiben, soweit sie keine Sprache erfordern. Der vorrangige Abbau der bereits erworbenen sprachlichen Fähigkeiten sowie die weiter bestehende Beziehungsfähigkeit sind wichtige Unterscheidungsmerkmale zum frühkindlichen Autismus.

7.3 Kindliche Schizophrenie

Hier handelt es sich um ein extrem seltenes Krankheitsbild vor dem 12. Lebensjahr. Die kindliche Schizophrenie ist durch einen phasenhaften Verlauf gekennzeichnet. Oft können nur die genaue Kenntnis der Vorgeschichte und der weitere Verlauf eine Diagnose ermöglichen. Bei älteren Kindern kann bei schleichend verlaufender Schizophrenie die Abgrenzung schwierig sein, da Kinder mit frühkindlichem Autismus und guten kognitiven Fähigkeiten im Jugendalter häufig auffällig werden, wenn sie den zunehmenden Anforderungen an Selbstständigkeit und Anpassung in sozialen Situationen nicht gerecht werden können, die in diesem Alter erwartet werden. Eine sorgfältige Erhebung der für Autismus typischen Verhaltensweisen im Vorschulalter führt meist zu einer Klärung der Diagnose.

7.4 Hospitalismus

Stark vernachlässigte, misshandelte oder deprivierte Kinder können im Querschnittsbild autistischen Kindern sehr ähnlich sein. Hier muss die Vorgeschichte zur Klärung der Diagnose beitragen. Meist tritt bei diesen Kindern eine deutliche Veränderung der Interaktion bei entsprechender Förderung und adäquatem Beziehungsaufbau innerhalb von drei bis vier Monaten ein.

7.5 Frühkindliche Verhaltensauffälligkeiten

Eine Reihe von frühkindlichen Verhaltensauffälligkeiten können, oberflächlich betrachtet, zu ähnlichem Verhalten führen wie beim frühkindlichen Autismus.
Das *Hyperkinetische Syndrom* erweist sich in seltenen Fällen auch als problematisch in der Abgrenzung zum frühkindlichen Autismus. Autistische Kinder sind sehr häufig in ihrer Aufmerksamkeit und Impulsivität auffällig, sie sind auch oft motorisch sehr unruhig. Andererseits sind hyperkinetische Kinder nicht selten in der sozialen Interaktion beeinträchtigt. Eine genaue Erhellung

der Vorgeschichte und eine Verhaltensbeobachtung des Kindes führen meist zur Klärung.

Ängstliche, zurückgezogene, mutistische, gehemmte oder zwanghafte Kinder können besonders in der Gruppe in ihrem sozialen Verhalten bisweilen an autistische Kinder erinnern. Die Vorgeschichte, das Verhalten in anderen Situationen, vor allem auch in der Familie, und das Ansprechen auf eine Behandlung sind für die diagnostische Abgrenzung wichtige Faktoren.

7.6 Intelligenzminderung mit emotionaler Störung

Treten die im vorausgegangenen Abschnitt beschriebenen Störungen bei einem Kind mit einer Intelligenzminderung auf, so erweist sich die Abgrenzung zu einem frühkindlichen Autimus oft als sehr schwierig. Unter diesen Umständen ist insbesondere zu berücksichtigen, dass therapeutische Prozesse sehr viel an Zeit brauchen, bis sie zu einer Veränderung im Verhalten führen.

7.7 Entwicklungsstörungen im Bereich der Sprache

Kinder mit Sprachentwicklungsstörungen sind in sehr hohem Maß auch in ihrem Verhalten auffällig. Andererseits sind derartige Störungen bei autistischen Kindern häufig zu beobachten. Vor allem die rezeptiven Sprachentwicklungsstörungen führen nicht selten zu Problemen in der Differentialdiagnose, da Kinder mit frühkindlichem Autismus Probleme im Sprachverständnis aufweisen. Kinder mit ausgeprägten rezeptiven Sprachentwicklungsstörungen zeigen als Kleinkinder häufig ein sehr repetitives Spiel mit Aneinanderreihungen von Autos oder anderem Spielmaterial. Die ausgeprägte Störung der sozialen Interaktion bei Autisten ist ein unterscheidendes Merkmal. Im Einzelfall kann es aber schwierig sein, Kinder bis zum Alter von vier bis fünf Jahren angemessen zuzuordnen. Nur die weitere Entwicklung unter fachgerechter Behandlung führt zur Sicherung der Diagnose.

7.8 Persönlichkeitsstörungen

Bei Jugendlichen und jungen Erwachsenen mit guter kognitiver Entwicklung muss manchmal eine schizoide Persönlichkeitsstörung differentialdiagnostisch abgegrenzt werden. Hier ist die Erhebung der Vorgeschichte, insbesondere das Verhalten im Vorschulalter, für die Zuordnung heranzuziehen.

8 Therapie von Autismus

8.1 Bedeutung von Früherkennung und Frühförderung

Bei der Therapie des Autismus ist es von größter Wichtigkeit, dass diese Mehrfachbehinderung möglichst früh erkannt und in der Folge rasch mit der Förderung begonnen wird. Als die vier häufigsten Auffälligkeiten, die bereits in früher Kindheit den Verdacht auf eine autistische Behinderung rechtfertigen, können gelten:

– Verzögerte Sprachentwicklung
– Verminderte Reaktion auf andere Menschen oder Beziehungsstörung
– Reaktionsarmut auf Ansprache, scheinbarer Hörschaden
– Ruhelosigkeit und Hyperaktivität

Die Diagnose, ob eine autistische Störung vorliegt, erfolgt stets durch den Mediziner. Auf der Grundlage seiner diagnostischen Erkenntnisse empfiehlt es sich, umgehend und zugleich behutsam zielgerichtete Fördermaßnahmen einzuleiten. Eine Überforderung des Kindes muss von Beginn an unterbleiben. Sie ruft Gefühle von Unzulänglichkeit und Erfolglosigkeit hervor. Sie führt unmittelbar zu aggressiver Abwehr und zu resignativem Rückzug.

8.2 Therapiekonzepte

Im Verlauf der Autismus-Forschung hat sich eine Fülle von Therapieformen entwickelt. Sie entstanden vorrangig im Hinblick auf die beobachteten Störungen, etwa auf unzureichende Körperwahrnehmung, auf Verhaltensauffälligkeiten und Beziehungsstörungen, auf Kommunikationsbeeinträchtigungen und Hörwahrnehmungsstörungen sowie auf soziale Anpassungsschwierigkeiten und körperlich-organische Auffälligkeiten.

Bis auf den heutigen Tag werden neue Methoden entwickelt und erprobt, die bisweilen den Bereich der Esoterik mit allen damit verbundenen Gefahren, unerfüllbaren Erwartungen und Utopien tangieren. Gleichwohl existiert bis zur Gegenwart keine Therapieform, die gleichsam als Königsweg zur Behandlung von Autismus gelten kann. Bei der Auswahl der therapeutischen Vorgehensweise muss man zwischen bewährten Praktiken und so genannten Außenseiter-Methoden unterscheiden. Stets gilt als unumstößliche Prämisse, dass sich jede Therapieform zuallererst am Kind, an den Eltern, an Pädagogen und Betreuern auszurichten hat. Dabei kommen unterschiedliche Therapieansätze zum Tragen.

8.2.1 Sensomotorische Therapieansätze im Hinblick auf gestörte Körperwahrnehmung

Sensorische Integrationstherapie

Diese Therapieform, die für Kinder mit Lernschwierigkeiten entwickelt wurde, orientiert sich an den Erkenntnissen der amerikanischen Psychologin und Beschäftigungstherapeutin *A. Jean Ayres*. Sie beschreibt Autismus im Wesentlichen als Folge einer gestörten Verarbeitung von Sinnesreizen, wobei im Zentralnervensystem kein Gleichgewicht zwischen erregenden und hemmenden Nervenimpulsen herrscht. Dieser These entsprechend ist eine Integration, also eine Eingliederung von Sinneseinwirkungen in die Gesamtheit aller Gehirnfunktionen anzustreben, so dass diese für Wahrnehmungen sowie für Körper- und Gefühlsreaktionen genutzt werden können. Beeinträchtigungen in der sensorischen Integration betreffen bisweilen den Gleichgewichtssinn, das Gehör, den Geruchs- und Geschmackssinn, das Empfinden von Druck und Berührung, von Temperaturen und Schmerzen. Ein autistisches Kind kann demnach sein „Ich-will-es-tun-System" (*Janetzke* 1997, 56) im Gehirn nicht ausreichend kontrollieren. Das Therapiekonzept von *Ayres* strebt eine Stärkung der gesamten Sinnesfunktionen und Empfindungen an. Ebenso zielt es auf eine Verbesserung der sinnlichen Wahrnehmungsverarbeitung, der Anpassungsreaktionen und des Verhaltens ab. Deshalb steht insbesondere der motorische Aspekt im Mittelpunkt der Förderung. Das Kind wird mit kontrollierten und strukturierten Stimuli angeregt. Es soll lernen, auf diese Reize adaptiv zu reagieren. Die Therapie setzt auf jener Stufe ein, auf der das Kind bereits über eine gewisse Grundsicherheit verfügt. Von diesem Status ausgehend wird die Integration kontinuierlich weitergeführt, um Schritt für Schritt den Erwerb von adäquatem Verhalten zu ermöglichen.

Patterning

Bei dieser Methode, die von dem amerikanischen Physiotherapeuten *Glenn Doman* und dem Psychologen *Carl Delacato* erarbeitet wurde, steht eine Entwicklung von nachahmbaren Mustern im Mittelpunkt. Koordinierte Bewegungen, etwa Krabbeln oder Kriechen, werden von Erwachsenen als nachahmbares „Muster" für das Kind ausgeführt. Sein Gehirn speichert dieses Vorbild um so nachhaltiger, je häufiger und intensiver es ihm vorgeführt wird.

Therapie nach Affolter

Die Methode von Hand- und Körperführung der aus der Schweiz stammenden Pädagogin *Félicie Affolter* erweist sich für jene Kinder als angemessen, die nicht spontan nachahmen können und sprachliche Anweisungen nicht hinreichend verstehen. Diese Therapieform setzt sich zum Ziel, Kindern mit verminderter Wahrnehmung möglichst umfassende, so genannte Spürinformationen zu vermitteln, wie dies überwiegend im Rahmen problemlösender Alltagshandlungen, etwa im Haushalt, geschehen kann. Die führende Person steht unmittelbar hinter dem Kind, legt ihre Arme dicht an dessen Arme, ihre Hände auf dessen Hände. Auf diesem Weg vermittelt sie ihm selbst die kleinsten Bewegungen, die zur Ausführung einer Tätigkeit vonnöten sind. Beide Personen bewegen sich gleich gerichtet. Der Therapeut als führende Person lenkt die Hände des Kindes und somit seinen Körper ohne Unterbrechung und über die gesamte Phase der geplanten Tätigkeit. Er vermittelt ihm ein sichtbares und zugleich spürbares Erfolgserlebnis. Fernziel ist es, dass das selbstständige Ausführen von Handlungen gelingt.

Therapie-Konzept nach Bobath

Bei dieser von *Berta* und *Karel Bobath* entwickelten Methode wird versucht, zerebrale Bewegungshemmnisse, weitere somatosensorische Störungen sowie andere neurologische und neuromuskuläre Beeinträchtigungen durch ein individuell ausgerichtetes Übungsprogramm zu beheben. Ziel ist es, dass das Kind eine persönliche Vorstellung vom eigenen Körper im Raum entwickelt, wobei sich alle weiteren Sinnesbereiche wie Sehsinn, Hörsinn, Geschmacks- und Geruchssinn ergänzen und wechselweise unterstützen. Da Kinder und

Jugendliche mit autistischen Verhaltensweisen insbesondere im motorischen Bereich offenkundige Auffälligkeiten zeigen, ist die Anwendung dieses Konzepts äußerst Erfolg versprechend.

Montessori-Therapie

Diese Therapiemaßnahme leitet sich von den Prinzipien der Montessori-Pädagogik ab. Sie gliedert sich in die 'Basisarbeit' sowie in die 'Aufarbeitung von Teilleistungsstörungen' und von konkreten Lernschwierigkeiten. In der Basisarbeit werden Selbstständigkeit und Selbsttätigkeit, Feinmotorik, Wahrnehmung, Konzentration und Ausdauer sowie soziale Qualifikationen gefördert. Die Therapie kann auch im Alltag der Familie verwirklicht werden. Sie verhilft Kindern mit autistischen Verhaltensweisen dazu, motorische und wahrnehmungsbedingte Beeinträchtigungen zu verbessern.

8.2.2 Lernpsychologische Therapieansätze im Hinblick auf Verhaltensauffälligkeiten

Verhaltensorientierte Autismustherapie

Ausgehend vom Behaviorismus (Verhaltenslehre) entwickelte der amerikanische Psychologe *Ivar Lovaas* eine Verhaltenstherapie für autistische Menschen. Durch Belohnung von erwünschtem Verhalten und durch Nichtbeachtung von unerwünschtem Verhalten gelang es ihm in kleinen Schritten, positiv erachtete Verhaltensketten aufzubauen. Diese Verhaltensmuster konnten von autistischen Menschen indes nur unzureichend auf andere Situationen außerhalb der kontrollierten Therapiesituation übertragen werden. Dieser Mangel brachte der verhaltensorientierten Autismustherapie rasch Kritik ein.

Modifizierte Verhaltenstherapie

Diese Therapieform zielt darauf ab, durch eine ausführliche Anamnese und Exploration mit allen Bezugspersonen des Kindes, durch genaue Beobachtung des kindlichen Verhaltens sowie durch geeignete Testverfahren – etwa *P.E.P. (Psychoeducational Profile)* – Fähigkeiten, Neigungen, aber auch Schwächen des Kindes ausfindig zu machen. Diese Persönlichkeitsmerkmale bilden die Grundlage für eine positive Entwicklung im häuslichen und schulischen Umfeld. Man vereinbart gemeinsam, welche Verhaltensmuster verändert werden sollen. Es wird ein Förderplan erstellt, der die Abfolge jener einzelnen Lernschritte enthält, die für den Aufbau neuer Verhaltensformen und für den Erwerb individueller Fertigkeiten notwendig sind. Nach jedem Lernschritt erfolgt eine unmittelbare positive Verstärkung durch Belohnung, etwa durch die Ermöglichung einer kindlichen Lieblingsbeschäftigung. Die modifizierte Verhaltenstherapie zeitigt besonders dann Erfolge, wenn sich der Therapeut dem jungen Menschen mit Geduld und emotionaler Wärme widmet. Grundlegende Voraussetzung für den Erfolg ist eine klare Strukturierung von Raum und Zeit.

8.2.3 Tiefenpsychologischer Therapieansatz im Hinblick auf gestörte Beziehungen

Psychoanalytische Autismustherapie

Nach Ansicht der Psychoanalytiker *Margaret S. Mahler* und *Bruno Bettelheim* ist Autismus vorrangig eine emotionale Störung, die durch Anbahnung von Beziehungen gemildert werden kann. Dabei bietet sich der Therapeut mit Lust fördernden Aktivitäten gleichsam als Mutterersatz an. Die Behandlungsschwerpunkte liegen in der Bearbeitung emotionaler Probleme, die im Zweierteam (Therapeut – Autist) oder in der therapeutischen Dreiergruppe (Therapeut – Autist – Mutter) geschehen kann.

8.2.4 Ganzheitlicher Therapieansatz im Hinblick auf Beziehungsdefizite

Differentielle Beziehungstherapie

Hartmut R. P. Janetzke begründete einen ganzheitlichen Behandlungsansatz, wobei er Einsichten aus Entwicklungspsychologie, aus Tiefen- und Neuropsychologie sowie kommunikationstheoretische, lern- und handlungstheoretische Aspekte in seinen therapeutischen Bemühungen verknüpfte. Da nach Einschätzung von *Janetzke* eine Vielzahl unterschiedlicher Ursachen zu dieser Mehrfachbehinderung führt, muss auch ein vielfältiges Angebot an therapeutischen Maßnahmen bereitgestellt werden. Ein sukzessives Erschließen der sozialen Umwelt soll es dem autistischen Menschen ermöglichen, eine belastbare Beziehungsebene zu Familie und Mitwelt aufzubauen. Der Erwerb von immer neuen Fähigkeiten und Kenntnissen vermag hierbei die Entwicklung zusätzlich positiv zu fördern.

8.2.5 Von Lautsprache unabhängige Therapieansätze zur Verbesserung der Kommunikation

Gebärdensprachtherapie

Aufgrund der Tatsache, dass etwa 50% der autistischen Menschen keine Vokalsprache erlernen, lag es nahe, ihnen – ähnlich wie bei den Gehörlosen – die Gebärdensprache als Verständigungsmittel anzubieten. Viele Autisten nutzen diese Chance der Kommunikation, weil es sich um eine Mitteilungsform handelt, die einfacher zu erlernen ist als die Vokalsprache. Überdies muss sich ein mit Gebärden sprechendes Kind nicht unmittelbar seiner Umwelt gegenüber öffnen. Wenn sich autistische Menschen das Sprechen mit Handzeichen angeeignet haben, lässt sich in der Folge die vokale Lautäußerung anbahnen.

Musiktherapie

Die Musiktherapie geht auf den argentinischen Kinderpsychiater und Musiktherapeuten *Rolando O. Benenzon* zurück, der vorgeburtliche Seelenzustände für autistische Verhaltensweisen verantwortlich macht. Er erkannte, dass Menschen mit Autismus auf musikalische Reize augenfällig positiv reagieren. Bei der Musiktherapie wird versucht, in drei Phasen – regressive Phase, kommunikative Phase, integrative Phase – den Kindern ihr soziales Umfeld zu erschließen und sie zu befähigen, mit dieser Welt in Beziehung zu treten. Dies gelingt mit Hilfe des Mediums Musik, etwa durch Einsatz eines Musikinstruments. Musik gilt deshalb als nonverbale Kommunikationsform, bei der schöpferische und künstlerische Fähigkeiten in den Dialog einfließen, ohne Intimsphäre und Schutzmechanismen der Kinder zu verletzen.

Tanztherapie

Den amerikanischen Psychologinnen und Tanztherapeutinnen *Janet Adler*, *Beth Kalish-Weiss* und *Elaine Siegel* gelang es, durch tänzerische Bewegungen eine nonverbale Kommunikation zwischen sich und Autisten zu entwickeln. Die körperliche Lust an der Bewegung steigerte vielfach die psychische

Offenheit und ebnete den Weg zur Aufnahme von Kommunikation. Auf diese Weise milderten sich bei einzelnen Autisten viele Sprach- und Beziehungsprobleme erheblich.

Clowntherapie, Tiertherapie und Reittherapie

Der amerikanische Psychiater *Howard Buten* versuchte in der Rolle als „Clown Buffo" Zugang zu jungen Autisten zu finden. Auch Tiere wie Delfine, Rehe oder Esel wurden gleichsam als „Co-Therapeuten" erfolgreich eingesetzt, um bei diesen Menschen vorhandene Ängste abzubauen und ihnen nichtsprachlichen Kontakt zur Mitwelt zu erleichtern. Bei der Reittherapie lösen sich durch den buchstäblich „tragenden" Kontakt zum Pferd psychische Spannungen. Sie unterstützt im Rahmen weiterer Therapieformen die beabsichtigte Entwicklungsförderung des Kindes.

8.2.6 Audio-sensorischer Therapieansatz zur Steigerung der Hörwahrnehmungsfähigkeit

Aufmerksamkeits-Interaktions-Therapie (AIT)

Diese Therapieform strebt an, die kindliche Fähigkeit des Sich-öffnens und Sich-hinwendens zum Mitmenschen zu erhöhen. Da dieses Ansinnen häufig in der Alltagssprache schwerlich gelingt, ist diese Methode bemüht, im Umgang mit dem Kind eine ihm gemäße, „individuelle Sprache" zu entwickeln, um Kommunikation und Interaktion mit der Umwelt anzubahnen und zu festigen.

Zur Steigerung der Hörwahrnehmungsfähigkeit kommen audiovokales Training und kompensatorische Gehörschulung zum Einsatz, etwa das Hörtraining nach *Guy Bèrard*, die Gebärdensprachtherapie nach *Abbé Charles Michel de l'Epée* und andere logotherapeutische Maßnahmen.

8.2.7 Konfliktpsychologischer Therapieansatz zur Verbesserung der Anpassungsfähigkeit

Der **Festhalte-Therapie (Forced Holding)**, die von der amerikanischen Kinderpsychiaterin *Martha G. Welch* in Zusammenarbeit mit den niederländisch-britischen Verhaltensforschern *Niko* und *Elisabeth A. Tinbergen* entwickelt wurde, schlägt bis heute umfängliche Kritik entgegen. Ausgangspunkt dieser Methode ist die Überzeugung, dass der Ursprung des Autismus im psychischen Bereich liege. Nach Einschätzung von *Welch* verfügten Mütter von Autisten vor Beginn der Therapie nicht über hinreichend ausgeprägte Sensibilität ihren Kindern gegenüber. Diese Mütter seien deshalb unfähig, die wirklichen kindlichen Bedürfnisse zu erkennen und diese in angemessener Weise zu befriedigen. Die Methode hebt deshalb auf einen engen körperlichen Mutter-Kind-Kontakt ab. Er besteht darin, dass die Mutter ihr Kind täglich mindestens eine Stunde – wenn nötig, auch gegen seinen Willen – festhält und somit einen sozialen Zugang zum Kind erzwingt. Durch diesen engen Körperkontakt – so die These – wird der Weg für künftiges Lernen frei. Kritiker der Festhalte-Therapie monieren zu Recht, dass der Aufbau einer engen Beziehung durch das erzwungene Festhalten nicht gelingt. Vielmehr besteht die Gefahr, dass sich die Mutter-Kind-Distanz vergrößert und beim Kind zusätzliche Aggressionen erzeugt werden.

8.3 Medikamentöse Behandlungsformen

Da frühkindlicher Autismus vielfach auch durch biochemische und neurochemische Abweichungen verursacht sein kann, sollen in der Therapie auch biochemische Behandlungsmethoden zum Tragen kommen. Dabei kann unter ärztlicher Aufsicht eine Diät, eine Vitamin- und Mineralstoffbehandlung oder eine Medikation, etwa mit Neurotransmittern oder Psychopharmaka, positive Wirkung zeigen.
Neben vielen bewährten Therapien werden stets neue, häufig auch kritikwürdige Methoden angeboten, die etwa dem Bereich der Esoterik entstammen oder auf edukinesiologischen Grundsätzen basieren. Sie sind für Eltern nicht selten mit hohem finanziellem Aufwand verbunden. Freilich, viele Methoden spiegeln den Eltern, die in ihrer Ausweglosigkeit das Äußerste zum Wohle ihres Kindes versuchen, meist Aussicht auf Erfolg vor, den sie letztlich nicht nachhaltig zu erbringen vermögen.

Im Ganzen gilt:
Jede Therapie muss immer individuumbezogen „und gewissermaßen eine ‚24-Stunden-Therapie' sein, d. h. das Kind muss den ganzen Tag über therapeutisch begleitet werden" (*Lempp* 1992, 119).

Jeder Therapie geht stets eine umfängliche, individuelle Diagnostik voraus, aus der die angemessene Therapieform erwächst. In Abstimmung mit Eltern, Lehrern und anderen Bezugspersonen wird angestrebt, den individuellen Förderbedarf des Kindes zu erfüllen. Es verbietet sich, einem Behandlungskonzept gegenüber anderen Therapieansätzen von Beginn an den Vorzug zu geben und dieses Konzept auf Dauer festzuschreiben. Vielmehr können Therapiepläne nur so lange aufrechterhalten werden, wie sich ein positiver Behandlungsverlauf abzeichnet.
Eine wirksame Therapie des autistischen Syndroms muss nach Ansicht des Kinder- und Jugendpsychiaters *Hans E. Kehrer* folgende grundlegende Ansprüche erfüllen:

„1. Sie muss nicht nur während der akuten Anwendung eine Verhaltensänderung bewirken, sondern auch später.

2. Sie muss auch von anderen Therapeuten angewandt werden können, also nicht nur dem ‚Erfinder‘ gelingen.

3. Sie sollte einer empirischen Nachuntersuchung standhalten.

4. Sie sollte nach Möglichkeit plausibel sein, d.h. man sollte verstehen, warum eine bestimmte Maßnahme autistisches Verhalten positiv beeinflusst" *(1995, 161)*.

Gestützte Kommunikation (FC) – eine Kommunikationsform für Kinder und Jugendliche mit Autismus

Konrad Bundschuh/Andrea Basler-Eggen

Schulisches Lernen, Erziehung und Unterricht sind ohne Kommunikation nicht möglich. Viele Kinder und Jugendliche mit Autismus, insbesondere jene, die eine Schule zur individuellen Lebensbewältigung besuchen, verfügen nicht über hinreichend effektive Kommunikationsmöglichkeiten. Somit muss individuelle Förderung der kommunikativen Kompetenzen dieser Schülergruppe ein vorrangiges Ziel sonderpädagogischen Handelns darstellen.
Wer, wie die meisten Menschen, über Sprache verfügt, ist sich der Bedeutung und des Wertes von Kommunikation nicht immer bewusst. *Anne McDonald,* die gemeinsam mit *Rosemary Crossley* Mitte der siebziger Jahre in Australien die Methode der Gestützten Kommunikation (Facilitated Communication) entwickelte, hatte vorher keine Möglichkeit, sich mitzuteilen: „Kommunikation fällt in die gleiche Kategorie wie Essen, Trinken und Schutz – sie ist lebenswichtig. Ohne sie wird Leben wertlos" (*Crossley* 1994, 8). Diese Ansicht der existentiellen Bedeutung von Kommunikation für den Menschen findet vielerorts Zustimmung: „Kommunikation ist lebensnotwendig. Sie ist die Grundlage jedes Kontaktes, jeder Beziehung, jeder Interaktion. ... Wir brauchen diese Erfahrung des erfolgreichen Kommunizierens, um zu wachsen, um Selbstbewusstsein zu entwickeln, um uns angenommen und geliebt zu fühlen. Um einen Platz in der Gesellschaft zu finden" (*Kristen* 1993, 9). Kommunikation stellt „die Grundlage jeden Kontaktes, jeder Beziehung und Interaktion" (*Eichel* 1996, 39) dar.
Neben den bekannten Methoden der *Unter*stützten Kommunikation (z. B. Gebärden, Kommunikation über Bildsymbole) wird seit einigen Jahren auch in Deutschland die Methode der *Ge*stützten Kommunikation bei Menschen mit schweren Kommunikationsstörungen angewendet. Dabei scheinen insbesondere Menschen mit Autismus oder autistischen Zügen von dieser Methode zu profitieren, obgleich Gestützte Kommunikation auch mit Menschen praktiziert wird, die andere Diagnosen aufweisen (etwa Rett-Syndrom

oder Cerebralparese). Fachleute und Eltern, die FC anwenden, berichten überwiegend von positiven Erfahrungen mit dieser Methode. Der zunehmende Bedarf nach Fortbildungen zur Gestützten Kommunikation zeigt das hohe Interesse an der Thematik sowie einen immensen Informationsbedarf in diesem Bereich. In Fachkreisen wird FC – wie wohl keine andere Kommunikationsmethode – allerdings kontrovers diskutiert. Kritiker der Gestützten Kommunikation zweifeln primär die erworbenen Kommunikationsfähigkeiten der behinderten Menschen an und vermuten eine (unbewusste) Manipulation des Gestützten durch die Stützperson.

Im Folgenden soll die Kommunikationsmethode FC beschrieben und ihr Anwendungsbereich dargelegt werden. Ferner sollen Möglichkeiten und Grenzen der Methode für die schulische Arbeit mit autistischen Schülern aufgezeigt werden. Die Darstellung aktueller wissenschaftlicher Erkenntnisse zur Gestützten Kommunikation soll dem Leser angesichts der kontroversen Diskussion um die Methode die Entscheidung ermöglichen, sich intensiv mit der Gestützten Kommunikation zu beschäftigen oder die Anwendung dieser Methode sogar zu erlernen.

9.1 Grundlegende Informationen zu FC

Begriffsklärung

Bei der Gestützten Kommunikation (englisch: 'Facilitated Communication', abgekürzt FC) handelt es sich um eine nonverbale Kommunikationsform innerhalb des Methodenspektrums der Unterstützten Kommunikation. FC ist somit keine Therapie- oder Heilmethode, sondern ein „vorläufiger Weg zur Kommunikation mit dem Ziel größtmöglicher Unabhängigkeit in der Benutzung von Kommunikationshilfen" (*Nagy* 1997, 17). Gestützte Kommunikation gestattet es Menschen mit schweren Kommunikationsstörungen, auf Objekte, Bilder, Symbole, Buchstaben und Wörter zu zeigen und sich auf diesem Weg mitzuteilen. Als schwer kommunikationsgestört gelten jene Personen, die sich aufgrund einer erworbenen oder angeborenen Schädigung mit herkömmlichen Kommunikationsmethoden, z. B. Lautsprache, Handschrift, überhaupt nicht, nur sehr eingeschränkt oder lediglich einem vertrauten Personenkreis gegenüber verständlich machen können. Bezogen auf autistische

Schüler können dies durchaus auch Kinder und Jugendliche sein, die echolalisch oder verzögert echolalisch sprechen.

FC ist eine „Strategie, um Menschen mit schweren Kommunikationsstörungen und neuromotorischen Beeinträchtigungen zu befähigen, auf Items wie Objekte, Bilder, Symbole, Wörter oder Buchstaben zum Zwecke der Kommunikation zu zeigen" (*Eichel* 1996, 55). Die Sprachtherapeutin *Schubert*, welche die Gestützte Kommunikation in Amerika kennen gelernt und im Jahr 1990 in Deutschland eingeführt hat, beschreibt FC als „eine Methode, um Menschen, die nicht sprechen können oder die in ihrer Fähigkeit, sich sprachlich zu äußern, eingeschränkt oder gestört sind, zu einer Kommunikation zu befähigen" (*Schubert* 1996, 10).

Vielfach ist zu hören, dass FC-Anwender auf einem Computer oder auf einer Schreibmaschine schreiben und diese Geräte für FC unentbehrlich seien. Dies trifft nur insofern zu, als ein Teil der Schüler, die über Lese- und Schreibfähigkeiten verfügen, an und mit diesen Geräten arbeiten. Zum Buchstabieren genügt jedoch eine selbst hergestellte Buchstabentafel aus Papier oder Pappe. Da nicht alle Schüler, denen die Stütze beim gezielten Zeigen hilft, über Buchstabierfähigkeit verfügen, kann Gestützte Kommunikation in der Praxis auch ganz anders aussehen: Ein Kind der Vorschule wählt – gestützt – aus mehreren Autos jenes aus, mit dem es spielen möchte. Ein Schüler der Unterstufe zeigt – gestützt – auf den gewünschten Farbstift oder wählt im Morgenkreis auf einer Bildertafel jenes Lied aus, das gesungen werden soll. Einem Schüler der Werkstufe ermöglicht es die Stütze, auf das Bildsymbol „Pause" zu zeigen. Später, beim gemeinsamen Frühstück, vermag er – wiederum gestützt – auf Milch, Tee oder Saft zu deuten und so das gewünschte Getränk auszuwählen.

Im Folgenden werden der besseren Lesbarkeit wegen alle Anwender der Gestützten Kommunikation als „FC-Schreiber" bezeichnet, auch wenn ein Teil dieser Personen nicht über Schreibfähigkeiten verfügt, sondern – gestützt etwa über Bildsymbole oder Fotokarten – kommuniziert.

Zusammenhang zwischen Unterstützter und Gestützter Kommunikation

Unterstützte Kommunikation (englisch: 'Augmentative and Alternative Communication', abgekürzt: *AAC*) ist ein Fachgebiet der Sonderpädagogik. „Unterstützte Kommunikation zielt darauf ab, die Kommunikationsmöglichkeiten nichtsprechender, hörfähiger Menschen zu verbessern, indem ihnen

Hilfsmittel, Techniken und Strategien zur Verfügung gestellt werden, welche die Lautsprache ergänzen oder ersetzen" (*Braun* 1994, 3). Unterstützte Kommunikation beinhaltet verschiedene Kommunikationsmethoden, wobei man generell körpereigene Kommunikationsformen, z. B. Gebärden und externe, etwa elektronische und nichtelektronische Kommunikationshilfen unterscheiden kann. *Gestützte* Kommunikation ist *eine* der Methoden aus dem Spektrum der *Unterstützten* Kommunikation.

Es ist von Vorteil, im Sinne von umfassender Kommunikation auch Personen, die erfolgreich mit FC kommunizieren können, parallel zur Verwendung der Gestützten Kommunikation weiterhin alternative Kommunikationsmöglichkeiten anzubieten. FC sollte also, wo immer möglich, nicht die einzige Kommunikationsform eines Menschen darstellen. Vielmehr erscheint eine Kombination von FC mit anderen nonverbalen Kommunikationsmethoden, z. B. einfache Gebärden, sowie mit der Lautsprache, soweit vorhanden, als zweckmäßig. Ziel ist es, in einem multimodalen Kommunikationssystem (vgl. *Kristen* 1994, 18) alle Kommunikationsversuche der Kinder anzuerkennen und zu interpretieren. Es erweist sich als günstiger, möglichst viele echte Kommunikationsgelegenheiten zu schaffen und vorhandene Gelegenheiten zu nutzen, als Kommunikation in der isolierten Therapiesituation zu üben.

Funktion der Stütze

Da eine exakte wissenschaftliche Erklärung der Funktionszusammenhänge bei der Gestützten Kommunikation noch nicht existiert, wird im Folgenden die Wirkung der Stütze anhand der verschiedenen Hilfestellungen beschrieben.

Bei der Gestützten Kommunikation gibt ein Kommunikationspartner, der als „Stützer" bezeichnet wird, dem Gestützten, der „FC-Schreiber" genannt wird, physische, verbale und emotionale Hilfe. Diese Stütze ermöglicht dem FC-Schreiber, vergleichbar mit einer krankengymnastischen Hilfestellung, seine Bewegungen zunehmend zu kontrollieren. Der Stützer darf den FC-Schreiber niemals führen. Vielmehr übt er Gegendruck aus und gibt dann dem Impuls des FC-Schreibers nach. Die körperliche Hilfestellung kann – je nach psychomotorischem Kompetenzniveau des einzelnen FC-Schreibers – sehr unterschiedlich aussehen. So ist eine Stützung oder ein Druck an Hand, Handgelenk, Unterarm, Ellenbogen, Oberarm oder Schulter denkbar. Ziel eines jeden FC-Trainings ist die möglichst selbstständige Benutzung von Kommunikationsgeräten. Mittlerweile gibt es FC-Schreiber, die zunächst an der Hand gestützt wurden und heute – nach jahrelangem Training – ohne jede körperliche Berührung schreiben können. Generell muss die Stütze – nach dem Prinzip einer Minimalstützung – individuell auf den einzelnen Schüler abgestimmt werden. Überdies ist es sinnvoll, von Anfang an bereits eine Reduzierung der physischen Stütze anzustreben. Dieser Prozess wird als „Ausblenden" (fading) bezeichnet.

Die physische Stütze bietet dem FC-Schreiber individuelle Hilfestellungen zur motorischen Kontrolle von gezielten Zeigebewegungen. Dies geschieht im Einzelfall – je nach Störungsbild der jeweiligen Person – im Wesentlichen durch:

- Übungen und Hilfen zur Isolierung des Zeigefingers
- Kinästhetische Rückmeldung im Sinne eines orientierungsgebenden Kontaktes bei unzureichender Eigenwahrnehmung, z. B. der Hand, durch die Berührung von außen
- Zeitweilige Tonusnormalisierung bei hypertonen oder hypotonen Schülern durch verschiedene Stütztechniken
- Erleichterung des Bewegungsbeginns durch die Berührung des Stützers
- Bremsen von impulsiven und überschießenden Bewegungen durch individuell angepassten Gegendruck des Stützers
- Ermöglichen einer Zielbewegung durch das Schaffen einer ausreichenden Bewegungsamplitude (Halten der Hand des Schreibers in einer günstigen Ausgangsposition)
- Hochziehen der Hand des Schreibers nach der Wahl eines Items zur Verhinderung von Perseverationen
- Ermöglichen des Bewegungsablaufes durch die Schaffung einzelner, getrennter Bewegungen durch kurzzeitiges Zurückhalten der Hand des Schreibers in der Ausgangsposition

Ein FC-Schreiber stellt hierzu fest: „Ich kann oft nicht das in Bewegung umsetzen, was ich möchte und was ich denke, ohne Sollenskraft bin ich ohne Stärke im Handeln."

Deshalb muss man die Stütztechnik – je nach motorischer Störung des jeweiligen FC-Schreibers – individuell variieren.

Viele autistische Schüler haben neben den Schwierigkeiten im neuromotorischen Bereich vor allem Probleme mit der Aufmerksamkeitslenkung (vgl. *Gomez* 1998). Hier gibt der Stützer zur Aufrechterhaltung von Aufmerksamkeit und Konzentration neben physischer Hilfestellung auch verbale Ermutigung. Durch sie und durch positives Feedback trägt der Stützer dazu bei, dass Kommunikation zunächst in Gang kommt und dann weitergeführt werden kann. Das Prinzip einer nicht direktiven, kindzentrierten Gesprächsführung, wie sie in der *Unter*stützten Kommunikation generell angewendet wird (vgl. *Kristen* 1994, 47), gilt somit auch für die *Ge*stützte Kommunikation.

Vielen autistischen Kindern scheint es schwerlich zu gelingen, insbesondere nach Aufforderung, ihre vorhandenen Fähigkeiten zu zeigen. Man spricht in diesem Zusammenhang auch von „exposure anxiety" (*Williams* 1998, S. 1). Emotionale Hilfen, wie das Signalisieren einer positiven Erwartungshaltung oder das Vermitteln von Sicherheit und Zuversicht, sind deshalb im Rahmen der Gestützten Kommunikation unerlässlich.

9.2 Kontroverse Diskussion über FC

Die Methode der Gestützten Kommunikation wird – nicht nur in Deutschland – äußerst kontrovers diskutiert. Anwender von FC berichten über erstaunliche Fortschritte der FC-Schreiber, während Kritiker die Kommunikationsfähigkeiten der Schreiber anzweifeln und das Entstehen der Texte mit (unbewusster) Manipulation durch die Stützer zu erklären versuchen.

Die geäußerten Zweifel sind nur allzu verständlich, da für einen Beobachter der Gestützten Kommunikation nicht zwingend erkennbar wird, von wem der Zeigeimpuls ausgeht. Diese Situation ist vergleichbar mit einem Tanzpaar, bei dem Außenstehende häufig auch nicht festzustellen vermögen, wer von beiden führt, während die Tanzpartner selbst dies genau wahrnehmen und auch wissen.

Überprüfung der Validität von FC

Validationsstudien sollen Klarheit über die Gültigkeit der Gestützten Kommunikation verschaffen. Unter Validation wird in diesem Kontext der Nachweis verstanden, dass mittels FC 'echte' Kommunikation in jenem Sinn stattfindet, dass der FC-Schreiber, nicht der Stützer, Autor der FC-Texte ist. Zu diesem Zweck werden die erwähnten Validations- oder auch Beweisführungsstudien durchgeführt, bei denen man methodisch primär zwischen qualitativen und quantitativ-experimentellen Studien unterscheidet. Insbesondere die quantitativen Studien arbeiten zumeist mit der Methode des

„message-passing", d. h. sie überprüfen die Fähigkeit der FC-Schreiber, ihren Stützern mittels FC unbekannte, verifizierbare Informationen zu übermitteln. Derartige Forschungsvorhaben gelten aus mehreren Gründen als sinnvoll. Falls die behinderten Menschen wirklich kommunizieren – und dies kann zunächst nicht ausgeschlossen werden –, muss dokumentiert werden, dass FC bei korrekter Anwendung eine valide Kommunikationsmethode sein kann. Zum anderen erweist sich „message-passing" als *eine* sehr wichtige Kommunikationsfertigkeit, die durch Übung, etwa im Rahmen eines Validationstrainings, erworben werden kann und soll.

Ergebnisse internationaler Studien

Seit mehreren Jahren werden zur Klärung der Frage, ob FC-Schreiber ihren Stützern mittels FC unbekannte und verifizierbare Informationen übermitteln können, zahlreiche Studien durchgeführt.
Vorwiegend im englischsprachigen Raum beschäftigt man sich mit der Validität der Methode FC. So wurden insbesondere in den USA seit 1990 zahlreiche Validationsstudien veröffentlicht.
Im Hinblick auf die Ergebnisse zeichnet sich folgende Tendenz ab: Bis in das Jahr 1993 erschienen nahezu ausschließlich Studien, in denen die beteiligten FC-Schreiber in der Testsituation ihre Kommunikationsfähigkeiten mittels FC nicht nachweisen konnten. In einigen Studien wurde überdies der Einfluss der Stützer auf die kommunizierten Inhalte deutlich (vgl. *Wheeler et al.* 1992; *Eberlin* et al. 1993). Aus diesen Ergebnissen folgerten Wissenschaftler, dass FC keine valide Kommunikationsmethode sein kann. Eine generell negierende Aussage über FC erweist sich als wissenschaftlich unhaltbar, da das Scheitern von FC-Schreibern in einem Test lediglich die Einschätzung erlaubt, dass die beteiligten FC-Schreiber mit den jeweilgen Stützern die gestellten Aufgaben in der gegebenen Situation nicht erfüllen konnten. Feststellungen über die generellen Kommunikationsfähigkeiten eines Probanden bzw. über die Validität der Methode FC im Allgemeinen sind hingegen als problematisch einzuschätzen. Umgekehrt besteht aber auch bei einem Schreiber, der in der Testsituation dem Stützer Informationen übermitteln konnte, die Möglichkeit, dass er in einer anderen Situation in seiner Kommunikation beeinflusst wird. Somit können Validationstests lediglich zeigen, wie bestimmte FC-Schreiber mit bestimmten Stützern unter bestimmten Bedingungen mit bestimmten Aufgaben zurechtkommen.
Ferner können Studien zeigen, dass es äußerst schwierig ist, valide Tests zum

Nachweis von Kommunikationsfähigkeiten bei der getesteten Personengruppe zu entwerfen. Das Testen autistischer Probanden ist bekanntermaßen problematisch: „Bei ihnen kann man schlecht einschätzen, ob die Aufgabe verstanden wurde und ob die fehlende oder mangelhafte Reaktion auf zu geringen intellektuellen Fähigkeiten, auf Nicht-Wollen oder auf einer Handlungssperre beruht" (*Kehrer* 1995, 50).

Nach zahlreichen Studien, in denen die Probanden ihre Kommunikationsfähigkeiten nicht nachweisen konnten, erschienen seit 1994 zunehmend Untersuchungsberichte, in denen die beteiligten FC-Schreiber unter kontrollierten Bedingungen ihre Kommunikation validieren konnten (vgl. *Berger* 1994; *Vazquez* 1994; *Cardinal; Hanson; Wakeham* 1996; *Sheehan; Matuozzi* 1996; *Weiss; Wagner; Bauman* 1996; *Olney* 1996; *Marcus; Shevin* 1996; *Biklen* 1997). Eine Zusammenstellung dieser Ergebnisse, in denen FC-Schreiber ihre Kommunikationsfähigkeiten mittels FC nachweisen konnten, findet sich bei *Biklen/Cardinal* (1997).

Beweisführung im Alltag

Neben den erwähnten Beiträgen, die wissenschaftliche Forschungen zur Validitätsfrage dokumentieren, finden sich im Alltag – je nach kommunikativer Kompetenz der FC-Schreiber – zahlreiche Hinweise auf die FC-Schreiber als Autoren von FC-Mitteilungen.

Im Folgenden werden entsprechende Beispiele aus der persönlichen Beschäftigung der Autorin mit autistischen Kindern und Jugendlichen dargelegt:

- FC-Schreiber wählen unerwartete Themen oder beharren auf Inhalten, die den Stützer nicht interessieren oder die ihm unangenehm sind.
- Personen, die mehrere FC-Schreiber stützen, berichten, dass sich die einzelnen Schreiber in Tempo, Inhalt, Stil und Schreibtechnik unterscheiden.
- FC-Schreiber geben dem Stützer Informationen, die dieser zuvor nicht hatte und die sich überdies bei späterer Nachprüfung als korrekt erweisen.
- FC-Schreiber teilen verschiedenen Stützern gleiche Inhalte mit oder schreiben bei allen Stützern in einem ähnlichen Stil (z. B. ungewöhnliche Satzstrukturen oder Verwendung von Lieblingswörtern).
- FC-Schreiber beschimpfen den Stützer.
- FC-Schreiber stellen an den Stützer unangenehme oder völlig unerwartete Fragen oder Forderungen.

- FC-Schreiber erklären ihr Verhalten. Absprachen, die mit Hilfe der FC-Methode getroffen wurden, werden von den FC-Schreibern eingehalten.
- FC-Schreiber initiieren die Kommunikation, indem sie etwa die Tafel holen oder sich an den PC setzen.
- FC-Schreiber schreiben Wörter falsch, deren korrekte Schreibweise den Stützern bekannt ist (z. B. FANILEMILCH statt Vanillemilch).
- Mimik und Verhalten passen häufig zu den mittels FC geschriebenen Texten.

Parallelen in der Schriftsprache autistischer FC-Schreiber zu den Besonderheiten der Sprache sprechender Autisten wie etwa Pronomenreversion, metaphorische Sprache oder die häufige Verwendung von Paraphrasien und Neologismen (*Büttner* 1995) liefern weitere Belege dafür, dass die autistischen Schreiber – und nicht ihre nicht-autistischen Stützer – Autoren der Texte sind.

Beurteilung der Validität

Die Verfasser dieses Beitrags vertreten aufgrund vorläufiger Forschungsergebnisse einer an der Universität München durchgeführten Studie (*Bundschuh/Basler-Eggen* 1997) sowie insbesondere aus persönlichen Erfahrungen mit den positiven Wirkungen der Gestützten Kommunikation die Ansicht, dass die Methode von FC bei korrekter Anwendung für autistische Schüler eine valide und effektive Kommunikationsform darstellen kann.

Eine generelle Aussage über die Zuverlässigkeit von Gestützter Kommunikation ist nicht möglich, so dass die Validität der Methode im jeweiligen Einzelfall geklärt werden muss. Es ist zu berücksichtigen, dass sich die FC-Schreiber in einem permanenten Lern- und Übungsprozess befinden. Testfähigkeiten, wie etwa „message-passing", stellen Fertigkeiten dar, die nicht vorausgesetzt, sondern nur durch Übung erworben werden können. Extreme Schwankungen im personalen Bereich sowie Motivations- und Konzentrationsprobleme sind weitere Variablen, die es bei der Durchführung und Interpretation von (Validations-)Testergebnissen bei autistischen Probanden zu beachten gilt.

9.3 FC in Schule und Unterricht

Gestützte Kommunikation kann für autistische Schüler, für ihre Lehrer und Betreuer neue Möglichkeiten im Unterricht eröffnen. Manche FC-Schreiber zeigen mittels FC, dass sie über ungeahnte Fähigkeiten verfügen, und dies nicht nur im Bereich der Kulturtechniken. Vielfach wird der Wunsch nach neuen, manchmal überraschenden Inhalten geäußert. Es zeigen sich Parallelen zu den oftmals sehr spezifischen Interessen von sprechenden, so genannten „high-functioning" Autisten.
LERNEN WILL ICH ALLES UEBER WELTKONSTRUKTION UND EISIGE EISMEERE, schrieb der FC-Schreiber T., ein sechsjähriger autistischer Junge. Er formulierte mittels FC den Wunsch, eine 'lernintensive Schule' besuchen zu können.
Nach Abklingen der ersten Euphorie über die Äußerungen der Schüler stellt sich die Frage, wie man den Lernbedürfnissen in der Praxis, im Besonderen in der Schule zur individuellen Lebensbewältigung gerecht werden kann, die diese Kinder großenteils besuchen. Ein 'Patentrezept' zur Lösung der Problematik, die sich aufgrund der oftmals sehr heterogenen Lerngruppen und infolge der engen Zeitbegrenzungen ergibt, steht nicht zur Verfügung. Stützen erfordert eine Person, die während dieser Zeit für die anderen Schüler 'ausfällt'. Kommunikation kostet immer Zeit und nonverbale Kommunikation vollzieht sich überdies langsamer als eine Verständigung über die Lautsprache. Es ist aber unbestreitbar, dass die Möglichkeit sich mitzuteilen im Hinblick auf die Lebensqualität eines Menschen einen sehr hohen Stellenwert einnimmt. Somit gilt abzuwägen, bei welchen anderen Tätigkeiten Unterrichtszeit für die so „lebenswichtige Kommunikation" (*Crossley* 1994, 8) eingespart werden kann. Allerdings ist es häufig auch notwendig, mit FC-Schreibern, die sich oftmals ausschließlich mit kognitiven Inhalten beschäftigen möchten, die Wichtigkeit des Übens von lebenspraktischen Fertigkeiten zu diskutieren und sie selbstverständlich auch in diesen Bereichen weiterhin angemessen zu fördern.
Im Folgenden werden Beispiele aus der Praxis dargelegt, die bei FC-schreibenden, autistischen Schülern erprobt wurden.

– Differenzierter Klassenunterricht zum gleichen Thema (Die FC-Schreiber erhalten etwa beim Thema „Vögel im Winter" einen Text aus einem Sachbuch zum Lesen und anschließend ein Arbeitsblatt mit Fragen zum Text im Multiple-Choice-Verfahren.)

- Einsatz von Kommunikationstafeln mit vorgegebenen Äußerungen in Unterrichtsstunden und in ritualisierten Situationen (etwa Datumstafel und Wettertafel im Morgenkreis); Gespräche mit den FC-Schreibern über das Problem, dass freie Kommunikation aus Zeitgründen häufig nicht möglich ist
- Bearbeitung von Themenbereichen aus dem Lehrplan der allgemeinen Schule anhand von Schulbüchern der entsprechenden Schulstufe im Rahmen von Einzelförderstunden
- Einsatz von Freiarbeits- und Übungsmaterialien (z. B. Rechenpuzzles) sowie von Arbeitsblättern aus dem Bereich von Grundschule und Hauptschule in Einzelsituationen
- Beantragung eines Schulbegleiters für den FC-Schreiber im Rahmen der Eingliederungshilfe
- Stundenweiser oder tageweiser Besuch von Allgemeinen Schulen in Begleitung einer Stützperson (etwa Schulbegleiter, Mobiler Sonderpädagogischer Dienst) und Bearbeitung von Hausaufgaben aus diesem Unterricht in Einzelförderstunden und im Elternhaus
- FC-Anbahnung, Kommunikationsförderung und Anleitung neuer Stützpersonen durch Mitarbeiter der Sprachtherapie (mit Hospitationsmöglichkeiten für das Schulpersonal)

Die genannten Möglichkeiten verstehen sich als Anregungen, die im Blick auf den Schüler, die Unterrichtssituation und die individuellen Möglichkeiten aller Beteiligten erprobt und abgewandelt werden müssen. Außerdem ist in diesem neuen Bereich sonderpädagogischer Arbeit jeder Erziehungsverantwortliche gefordert, selbst kreativ zu werden, eigene Ideen umzusetzen und im Austausch mit anderen Personen weiterzuentwickeln.

9.4 Empfehlungen für den Umgang mit FC

An dieser Stelle soll auf die Schrift des *Bundesarbeitskreises FC* verwiesen werden. Dieser hat detaillierte Empfehlungen für den Umgang mit der Methode der Gestützten Kommunikation erarbeitet. Die Broschüre *Empfehlungen für den Umgang mit der Gestützten Kommunikation (FC)* ist über den Verband *Hilfe für das autistische Kind e. V., Ostpreußenstr. 9c, 85386 Eching*, zu beziehen. Diese Organisation bietet auch regelmäßig Einführungs- und Aufbauseminare zur Gestützten Kommunikation an.

9.5 Möglichkeiten und Grenzen von FC

Gestützte Kommunikation ist nach Ansicht der Verfasser dieses Beitrages für einige autistische Menschen mit schweren Kommunikationsstörungen eine valide Kommunikationsmethode und kann auch für autistische Schüler neue Möglichkeiten der Förderung eröffnen. Eine Behandlung oder gar Heilung der schweren Entwicklungsstörung des Autismus gelingt nicht, obgleich in Einzelfällen deutliche Verhaltensverbesserungen zu beobachten sind.

Selbstverständlich gibt es auch schwer kommunikationsgestörte, autistische Kinder und Jugendliche, für welche die FC-Methode keine geeignete Alternative darstellt, so dass die Suche nach individuell angemessenen Kommunikationsmöglichkeiten fortgesetzt werden muss.

Durch die FC-Methode ergeben sich für jene Personen, die mit autistischen, nicht sprechenden Kindern und Jugendlichen leben und arbeiten, neue Wege und Herausforderungen. Diesen Auftrag gilt es anzunehmen. Es ist mit allen Beteiligten gemeinsam zu überlegen, wie im konkreten Einzelfall der autistische Schüler in seiner gesamten Persönlichkeit individuell optimal gefördert werden kann.

10 Verlauf von Autismus

10.1 Entwicklung

Da sich der Autismus als eine Mehrfachbehinderung erweist, lassen sich gegenwärtig für den weitaus größten Teil der Kinder und Jugendlichen mit Autismus keine Heilungsaussichten prognostizieren. Die individuellen Entwicklungsmöglichkeiten differieren erheblich. Lediglich ein geringer Anteil von etwa 5% der Population erreicht eine weitgehende Selbstständigkeit. Bei etwa 15% der Personen mit Autismus bleiben unbedeutende Restauffälligkeiten zurück. Ebenso groß ist jene Gruppe, die ihr Leben lang eine begleitende Unterstützung benötigt. Für das Gros von etwa 65% muss jedoch, zumindest zeitweise, ein erhöhter Betreuungsaufwand bereitgestellt werden (vgl. *Janetzke* 1997, 84). Deshalb ist es höchst bedeutsam, möglichst in früher Phase gezielte Fördermaßnahmen einzuleiten, um Sorge zu tragen, dass die kindliche Entwicklung einen positiven Verlauf nimmt.

10.2 Prognose

Allgemein gilt: Je ungünstiger sich die Voraussetzungen für einen autistischen Menschen darstellen, desto erschwerter sind auch die Erfolgsaussichten der Förderung. Man weiß, dass die negativen Auswirkungen in der Regel umso intensiver sind, je früher die Behinderung einsetzt. Von ebenso elementarer Bedeutung sind die individuelle geistige Leistungsfähigkeit und die äußeren Entwicklungsbedingungen des Kindes. Entscheidend für den Erfolg sind Prävention und Intensität der Behandlung sowie der Einsatz von individuell geeigneten Therapieformen.

„Bei ungünstigen Voraussetzungen kann die autistische Rückzugstendenz auch im Erwachsenenalter noch erschreckend zunehmen. Weitaus häufiger ist allerdings ein ständig steigendes Interesse an Sozialkontakten. Es wächst aber auch die Fähigkeit, sich selbst und die eigene soziale Situation bewusster wahrzunehmen. Da sich das Einfühlungsvermögen (eine wichtige Voraussetzung für Beziehungen) dagegen wenig weiterentwickelt, leiden viele Erwachsene mit einer autistischen Kindheitsgeschichte an einer unstillbaren Sehnsucht nach einer Partnerin oder einem Partner für gemeinsame Unternehmungen, Gesprächs- und Zärtlichkeitsaustausch" (*Janetzke* 1997, 85).

Autismus im Kleinkindalter

11.1 Förderorte – Kindergarten und Schulvorbereitende Einrichtungen

Früheste Förderung gilt als wirkungsvollste Förderung. Diese Erkenntnis bewahrt auch im Hinblick auf die Mehrfachbehinderung des Autismus ihre Gültigkeit. Es ist deshalb unerlässlich, dass die ersten Bezugspersonen des Kindes – also Eltern, Großeltern, Kinderärzte, Mitarbeiter in Kindergärten und Schulvorbereitenden Einrichtungen – Kenntnis davon haben, an welchen Symptomen man den sich entwickelnden frühkindlichen Autismus erkennt. Familie, Kindergarten und Vorschule sind jene Orte, wo in enger Zusammenarbeit mit Ärzten und Therapeuten die ersten Fördermaßnahmen erfolgen müssen.

11.2 Früherkennung

Die Symptome des frühkindlichen Autismus werden bereits vor dem 30. Lebensmonat offenkundig. Sie erreichen zwischen dem fünften und achten Lebensjahr ihren ersten Höhepunkt. Eine frühzeitige Diagnose ist möglich und zwingend geboten. Sie setzt voraus, dass Eltern, Kindergärtnerinnen und Erzieherinnen über hohe Sensibilität, Wahrnehmungsfähigkeit und Wissen vom Phänomen des Autismus verfügen, um auffälliges Verhalten des Kindes aufzudecken. Bloßes Zuwarten, in der Hoffnung, die beobachteten Rückstände würden sich von selbst kompensieren, erweist sich allermeist als folgenschwerer Irrtum. Zwischen dem ersten und dritten Lebensjahr lässt sich freilich nur eine so genannte Verdachts-Diagnose stellen. Sie muss später durch mehrere aufeinander folgende Untersuchungen einer Klärung zugeführt werden.

Eine vom Bundesverband *Hilfe für das autistische Kind e.V.* veröffentlichte „Checkliste Frühkindlicher Autismus" fasst die wesentlichen, bereits im Kleinkindalter feststellbaren Symptome zusammen, etwa den auffallenden Mangel an Reaktion auf andere Menschen, erhebliche Defizite in der Sprachentwicklung, eigentümliche Sprachmuster oder bizarre Reaktionen auf unterschiedliche Umweltreize. Da viele Kinderärzte noch unzureichende Erfahrung in der Autismus-Diagnose besitzen, ist es von hoher Bedeutung, wenn sich Eltern durch den Verband *Hilfe für das autistische Kind e.V.* an spezifisch ausgebildete Fachärzte vermitteln lassen. Von Nutzen ist es, wenn ein Team von Ärzten und Therapeuten in engem Zusammenwirken die Diagnose stellt und im Nachgang gezielte Empfehlungen über Fördermaßnahmen gibt.

11.3 Frühförderung

Wie für sinnesgeschädigte Kinder muss auch für Kinder mit autistischem Syndrom die Förderung bereits im vorschulischen Alter beginnen. Sie kann und soll nahtlos in die nachfolgende schulische Förderung münden und dort individuell und intensiv fortgeführt werden.
Die Frühförderung umfasst vorrangig sensorisches Training, Förderung der Sprachentwicklung, Kommunikationsschulung und Anleitung zur Kompensation von Wahrnehmungsstörungen. Klar strukturierte Lernsituationen ermöglichen Erfolge in kleinsten Schritten. Ziel der Frühförderung ist es dazu beizutragen, dass Kinder mit autistischen Verhaltensweisen lernen, die persönliche und dingliche Umwelt sowie die sozialen Bezugssysteme zu strukturieren, zu kategorisieren sowie angemessenes Lern- und Arbeitsverhalten kontinuierlich aufzubauen. Die Frühförderung versteht sich vorrangig als familienunterstützende häusliche Früherziehung. Sie kann nur dann erfolgreich verlaufen, wenn die Eltern bereit sind, einen wesentlichen Teil der Förderarbeit selbst zu übernehmen. Das Fachpersonal ist nur begrenzt in der Lage, mit dem meist auf die Eltern fixierten autistischen Kleinkind individuell zu arbeiten. Durch kindbezogene Schulungsprogramme werden Eltern und andere Familienangehörige befähigt, mit dem behinderten Kind angemessen umzugehen. Sie lernen, die einzelnen Fördermaßnahmen präzise umzusetzen.

12 Autismus im Schulalter

12.1 Autismus, ein Phänomen in allen Schularten

Im Dezember 1977 hat sich der Bundesverband *Hilfe für das autistische Kind e. V.* an die Kultusministerkonferenz gewandt mit dem Ziel, die schulische Förderung von Kindern und Jugendlichen mit Autismus zu verbessern. Im Nachgang wurden in den einzelnen Ländern vielversprechende und erfolgreiche Schritte in die richtige Richtung vollzogen. Gleichwohl, trotz der intensiven Bemühungen ist zu konstatieren, dass noch immer einer Vielzahl von Kindern und Jugendlichen mit Autismus nicht jene schulische Förderung zuteil wird, die ihrer spezifischen Behinderung, insbesondere auch ihrer oft verborgenen Begabung angemessen ist. Dieses Desiderat gereicht diesen Schülern vor allem deshalb zum Nachteil, weil wohl kaum eine andere Behinderung den Lernprozess so nachhaltig beeinträchtigt wie der frühkindliche Autismus.
Aus diesem Grund bedarf es einer Intensivierung von wirkungsvollen Maßnahmen:

– Es ist geboten, bei *allen Lehrern in allen Schularten* die Wahrnehmung und das Bewusstsein zu schärfen, dass sich immer wieder und immer häufiger Schüler mit autistischem Verhalten in den Klassen befinden. Man muss Sorge tragen, dass diese Kinder und Jugendlichen individuelle Förderung erfahren. Sie gelten als Mehrfachbehinderte, die zunächst meist nicht fähig sind, mit anderen Schülern gemeinsam zu lernen. Sie benötigen vor allem zu Beginn der schulischen Förderung eine feste Bezugsperson. Diese bietet so lange eine individuelle Förderung an, bis der Schüler in eine Lerngruppe integriert werden kann.
– Aufgrund der Erschwernis, Umweltwahrnehmungen zu verarbeiten und Verhaltensprobleme zu bewältigen, brauchen diese Kinder und Jugendlichen höchst strukturierte Rahmenbedingungen, aber auch Fördermethoden, die intensives Training der Wahrnehmungsfunktionen, der Sensomotorik und der Sprache beinhalten. Neben einem sonderpädagogisch auf-

bereiteten Angebot an Kulturtechniken sollen insbesondere differenzierte Fördermaßnahmen zur Entfaltung von spezifischen Begabungen zum Tragen kommen.
- Die Dauer des Schulbesuchs von Schülern mit Autismus umfasst in der Regel *zehn* Jahre. Wenn eine erhebliche Verzögerung in der Entwicklung offenkundig ist, wird eine Förderung über die allgemeine zehnjährige Schulpflicht hinaus empfohlen. Auf Antrag der Eltern und Erziehungsberechtigten kann die Vollzeitschulpflicht dann verlängert werden, wenn zu erwarten ist, dass diese Maßnahme der Persönlichkeitsentwicklung und der Leistungsverbesserung dienlich ist.

Die Erfahrung lehrt, dass autistische Schüler mit hohen kognitiven Fähigkeiten, mit hinreichender sprachlicher Kommunikationskompetenz und mit angemessenem Sozialverhalten bei entsprechender individueller Förderung und Begleitung allgemeine und weiterführende Schulen besuchen können. Vielfach sind die Jugendlichen auch fähig, in Berufsbildungswerken eine berufliche Ausbildung erfolgreich abzuschließen, der in der Regel individuell gestaltete Förderlehrgänge vorausgehen. Ebenso gelingt es bisweilen, sie an einem für sie geeigneten Arbeitsplatz dauerhaft in das Berufsleben einzugliedern. Entlassschüler aus der Schule zur individuellen Lebensbewältigung und aus der Schule zur individuellen Lernförderung treten im Allgemeinen in die Werkstufe ein, die auf eine Dauer von drei bis vier Jahren angelegt ist. Ein Großteil der Menschen mit ausgeprägter autistischer Behinderung, der im Leistungsbereich in hohem Maß beeinträchtigt und in seinem Verhalten umfänglich gestört ist, arbeitet vielfach zeitlebens in der Werkstätte für Behinderte. Nicht selten ist auch eine häusliche Betreuung möglich oder ein Aufenthalt in einer psychiatrischen Klinik erforderlich.

12.2 Kinder und Jugendliche mit autistischen Verhaltensweisen in der Klasse

Es gibt eine Vielzahl von autistischen Kindern und Jugendlichen, die Allgemeine Schulen besuchen, weil dort ihr sonderpädagogischer Förderbedarf erfüllt werden kann. Sie haben Sprache erworben, die sie in angemessener Weise verwenden können. Sie erbringen durchschnittliche schulische Leistungen. Sie fallen freilich in ihrem Umfeld durch seltsames Verhalten auf, das

Lehrer oft als „dumme Angewohnheiten" oder „eigenwillige, den Unterricht störende Aktivitäten" missdeuten. Deshalb empfehlen die Lehrer bei Elterngesprächen irrigerweise, durch entsprechende Erziehungsmaßnahmen in der Familie, das Kind von seinen „Spleens" abzubringen, da der Unterricht durch diese missliebigen Aktionen empfindlich gestört werde.

Die Lehrer setzen das Handeln dieser Schüler häufig überhaupt nicht mit einer autistischen Behinderung in Beziehung. Es ist deshalb von Bedeutung, dass alle Erziehungsverantwortlichen sensibilisiert werden, die von ihnen beobachteten Auffälligkeiten zunächst in einen möglichen Zusammenhang mit dem autistischen Krankheitsbild zu bringen. Da bei Lehrern aller Schularten meist das Wissen von den Erscheinungsbildern dieser Behinderung fehlt, ist es hilfreich, wenn sich Pädagogen beim ersten Verdacht an einen für ihre Schule zuständigen Beratungslehrer oder Schulpsychologen wenden, um mit ihm die beobachteten Besonderheiten des Kindes zu analysieren und zu reflektieren.

In der Folge erweist sich eine Kontaktaufnahme mit den Eltern als unabdingbar. Ihre Beobachtungen aus der frühen Kindheit und vor Schuleintritt sind für eine fundierte Diagnostik von hoher Wichtigkeit. Indes, erst eine fachärztliche Diagnose vermag in einen zuverlässigen Befund zu münden, ob autistische Verhaltensweisen vorliegen. Autismus-Verbände verfügen über Adressenverzeichnisse von Medizinern, die eine Diagnose von Autismus durchführen können und profunde Kenntnisse von den vielfältigen Erscheinungsbildern des Autismus besitzen. Dieses Wissen sollen sich Lehrer und Eltern von autistischen Kindern zunutze machen, um zu einem zuverlässigen, validen Urteil zu gelangen.

Oft können Kinder und Jugendliche mit leichten autistischen Störungen in der allgemeinen Schule verbleiben, wenn Therapeuten und Heilpädagogen Sorge tragen, die negativ wirkenden Handlungs- und Verhaltensweisen schrittweise abzubauen. Diese Personen üben mit den Schülern etwa das Verstehen von Instruktionen und stehen ihnen zur Seite, um bei zahlreichen, von ihnen als Störung empfundenen Umweltreizen, eine Überreaktion zu vermeiden. Auf diese Weise vermag es zu gelingen, dass diese Schüler den Anforderungen der allgemeinen Schule genügen können.

12.3 Beratungsschulen – Aufgabenfelder und Arbeitsweise

In der Bildungspolitik hat man den hohen Handlungsbedarf erkannt, die Lehrer mit der notwendigen Fachkompetenz auszustatten, damit sie den spezifischen Förderbedarf von Schülern mit Autismus angemessen erfüllen können. Das Bayerische Staatsministerium für Unterricht, Kultus, Wissenschaft und Kunst hat mit Bekanntmachung vom 21. Juni 1993 *(Nr. IV/10 – 0 8204/9 – 4/8196)* in den sieben Regierungsbezirken Beratungsschulen eingerichtet, die den Eltern, aber auch jenen Lehrern in beratender Weise zur Seite stehen, die Schüler mit dem Autismus-Syndrom unterrichten.

Folgende *sieben* Schulen tragen Verantwortung für die Beratung:

> Schule an der Heckscher-Klinik, Heckscherstr. 4, 80804 München,
> mit der Außenstelle Solln, Wolfratshauser Str. 350/V, 80479 München
> Schule für Kranke, Grillparzerstr. 9, 84306 Landshut
> Schule für Kranke, Universitätsstr. 84, 93053 Regensburg
> Schule für Kranke, Nordring 2, 95445 Bayreuth
> Schule für Kranke, Loschgestr. 10, 94054 Erlangen
> Schule für Kranke, Steinheilstr. 30, 97080 Würzburg
> Schule im Kinderkrankenhaus Josefinum/Kinderzentrum Prälat-Bigelmair-Str. 22, 86154 Augsburg

Die Bekanntmachung des Bayerischen Staatsministeriums für Unterricht, Kultus, Wissenschaft und Kunst beschreibt das Aufgabenfeld und die inhaltlichen Schwerpunkte jener Einrichtungen, die Beratung übernehmen:

„2. Die Beratungsschulen leisten Unterstützung

2.1 durch Mithilfe bei der Durchführung und Vermittlung einer differenzierten Diagnostik, Feststellung des sonderpädagogischen Förderbedarfs, Erarbeitung eines individuellen Förderplans, Bestimmung des Bildungsweges vom frühen Kindesalter bis zur beruflichen Eingliederung;

2.2 durch zentrale Zusammenarbeit mit Eltern, Ärzten, Psychologen, Pädagogen, Schulverwaltung, Arbeitsverwaltung und anderen Diensten sowie Verbänden und Ausbildungsstätten für Sonderschullehrer, Heilpädagogen und Erziehern;

2.3 durch zentrale und regionale Fortbildung der Lehrer, Heilpädagogen, Erzieher und anderer, die Kinder und Jugendliche mit autistischen Verhaltensweisen unterrichten, erziehen und fördern, im Zusammenwirken mit der Akademie für Lehrerfortbildung in Dillingen;
2.4 durch Mitarbeit am Staatsinstitut für Schulpädagogik und Bildungsforschung in München hinsichtlich der Erarbeitung von geeigneten Methoden, der Entwicklung von diagnosegeleiteten individuellen Förderplänen, der Zusammenstellung von Medien für die Förderung, der Sammlung von Materialien und Förderungshilfen sowie Hinweisen zum Raumbedarf."

Im Kontext dieser Institutionalisierung ist am Staatsinstitut für Schulpädagogik und Bildungsforschung für die Beratungsschulen ein Arbeitskreis eingerichtet worden. Er bietet die Plattform für einen wechselseitigen Erfahrungsaustausch, insbesondere im Hinblick auf effiziente Diagnostik, auf Förderung und Therapie sowie auf Lehrer- und Elternberatung. Darüber hinaus wird eine enge Kooperation mit Verbänden und Hochschulen angestrebt. Der Arbeitskreis dient den Lehrern der Beratungsschulen auch als Forum, Hemmnisse und Erschwernisse bei der Beratung zu erörtern und durch externe Fachreferenten die eigene Kompetenz zu erhöhen.

Die Beratungsschulen berichten, dass ihr Beratungsangebot von den Schulen in Bayern bislang überhaupt nicht oder noch ungenügend in Anspruch genommen wird, wiewohl die Anzahl der Schüler mit autistischem Verhalten im Anwachsen begriffen ist. Diese Tatsache legt die Vermutung nahe, dass vorschulische Einrichtungen, Schulen, sozialpädiatrische und psychiatrische Einrichtungen, Jugend- und Sozialämter, aber auch Eltern von der Existenz der Beratungsschulen und deren vielfältigen Kompetenzen noch nicht genügend Kenntnis besitzen. Hier besteht zwingender Handlungsbedarf, den Informationsfluss und die Zusammenarbeit auf beiden Seiten nachhaltig zu optimieren.

12.4 Systemische Beratung, Förderung und Betreuung in der Schule

Heinz Sterr

12.4.1 Grundsätzliche Überlegungen zur schulischen Bildung

Recht auf Bildung

Bei Autismus handelt es sich im Allgemeinen um eine schwere Störung, eine nicht heilbare Mehrfachbehinderung auf Lebensdauer. Euphorische Berichte von wundersamen Spontanheilungen erzeugen bei betroffenen Eltern immer wieder utopische Hoffnungen und unerfüllbare Erwartungen. Sie glauben nicht selten an die Übertragbarkeit von überaus positiven Einmalereignissen. Fehlende Erfolge rufen meist bittere Enttäuschungen hervor.

Gleichwohl steht fest, dass auch Kinder mit autistischen Verhaltensweisen bildungsfähig sind. Sie alle haben das moralische und gesetzlich verbürgte Recht auf Unterricht, der sich an ihren Fähigkeiten und Bedürfnissen ausrichtet. Oft können autistische Schüler jedoch in den bestehenden schulischen Einrichtungen nicht individuell angemessen gefördert werden, weil es den Lehrern meist an Bewusstsein und Wissen um die spezifischen kindlichen Probleme und Nöte fehlt.

Die Bandbreite dieser Kinder und Jugendlichen erstreckt sich im kognitiven Bereich von geistiger Behinderung bis hin zur Hochbegabung. Vereinzelt auftretende besondere Fähigkeiten – etwa ein phänomenales Kalendergedächtnis, ein absolutes Gehör oder mathematische Höchstleistungen – bringen autistischen Menschen im Alltagsleben allerdings meist nur geringen Nutzen. Die Ursache des verwirrenden Nebeneinanders von Hochbegabung und häufig völliger geistiger Hilflosigkeit liegt bei Autisten wohl in einer fehlerhaften Wahrnehmungsverarbeitung als Folge von gravierenden Störungen oder funktionalen Ausfällen im Zentralnervensystem.

Es gilt als erwiesen, dass spezifische Fördermaßnahmen und Therapieansätze, die auf die besondere Wahrnehmungsstruktur und auf das mehrdimensionale Verhaltens- und Krankheitsbild von autistischen Menschen ausgerichtet sind, diesen Personen eine zunehmende Anpassung an die allgemeinen gesellschaftlichen Denk- und Handlungsformen ermöglichen können. Die Fähigkeit zu sinngebender Lebensverwirklichung und Lebensgestaltung ist bei jedem Autisten jedoch individuell unterschiedlich ausgeprägt.

Gegenwärtig entwickelt man dem Autismus gegenüber erhöhte Aufmerksamkeit und sensible Einstellung. Immer häufiger fasziniert vor allem die individuelle Dynamik, die von autistischen Menschen ausstrahlt. Sie wird als unbewusstes Angebot des autistischen Schülers an seinen Lehrer verstanden, mit ihm in Beziehung zu treten, gleichsam also ein Verhältnis zwischen Patient und Therapeut einzugehen. Freilich, es ist nicht primär pädagogisches Ziel, autistische Menschen unter Verleugnung ihrer Behinderung zu angepassten Mitbürgern zu erziehen. Vielmehr soll mit Sensibilität erreicht werden, den Betroffenen ein menschenwürdiges Leben mit angemessenem Realitätsbezug zu ermöglichen.

Bestimmung des Lernortes

Kinder mit autistischen Verhaltensweisen bedürfen während der gesamten Schulzeit einer besonderen pädagogischen Betreuung und einer individuellen Ausbildung, damit sie

- akzeptierte Mitglieder der Gesellschaft werden können,
- ihre Behinderung weitgehend zu kompensieren vermögen,
- eine ihnen gemäße berufliche Eingliederung unter freien oder beschützenden Bedingungen finden,
- Realitätsstrukturen durchdringen und Ordnungssysteme der Lebenswirklichkeit begreifen.

Autistische Kinder sind der optischen und akustischen Reizüberflutung innerhalb eines herkömmlichen Klassenzimmers mit hoher Schülerzahl meist hilflos ausgeliefert. In diesem Umfeld ziehen sie sich vermehrt in sich zurück. Sie müssen deshalb zuerst meist in Einzeltherapie angeleitet werden, wie sie auf Bezugspersonen achten und diese imitieren können, wie sie sich mit wenigen Worten verständigen und jene unabdingbaren Verhaltensweisen erlernen können, um in einer Klassensituation zu bestehen. Erst dann kann eine therapeutische Eins-zu-Eins-Situation stufenweise abgebaut werden. Auch nach der Eingliederung in die Klassengemeinschaft ist die individuelle Betreuung neben gemeinsamem Lernen meist jahrelang unumgänglich.

Anforderungen an die Gestaltung von Unterricht, Erziehung und Förderung

Zur Verbesserung der Ich-Umwelt-Beziehung müssen in der Unterrichtsgestaltung drei grundlegende pädagogische Ziele stets im Auge behalten werden. Das autistische Kind soll mit Hilfe individueller Fördermaßnahmen befähigt werden,

- sich selbst in Bezug zur Mitwelt erleben zu können,
- von stereotypen Verhaltensformen zu eigenen Initiativen zu gelangen, die im menschlichen Beziehungsgefüge angemessen wirken,
- Verständnis für Gedanken, Bedeutungen und Ausdruck zu entwickeln und zwischenmenschliches Handeln zu interpretieren.

Deshalb müssen Schulen für autistische Kinder und Jugendliche im Unterricht jene Fördermaßnahmen bereitstellen, die es ihnen erlauben, das anspruchsvolle Ziel einer humanen Integration zu erreichen. Es verbietet sich, den Autisten gleichsam schulgerecht zu formen. Vielmehr gilt es, die Schule gleichsam autistengerecht zu gestalten. Deshalb muss man die organisatorischen und inhaltlichen Bedingungen an den bestehenden Schulen für Behinderte wie für Nichtbehinderte dringend verbessern. Nur so kann es gelingen, auf die spezifische Ausprägung des autistischen Syndroms in der schulischen Wirklichkeit individuell und flexibel zu reagieren. In diesem Kontext sind auch Wissenschaft und Forschung vermehrt gefordert. Ebenso sind ethische und anthropologische Überlegungen in bestehende Konzepte, Therapieformen und Rehabilitationsbestrebungen einzubeziehen. Nur so kann auf Dauer jeder autistische Mensch in seiner Besonderheit jene Akzeptanz erfahren, die er verdient.

Die Lehr- und Lernmethoden werden vorrangig von der Behinderung und der individuellen Situation des autistischen Kindes bestimmt. Dies bedeutet, dass zunächst der Entwicklungsstand in den einzelnen Bereichen genau erfasst werden muss, dass sodann die besonderen Fähigkeiten und Probleme der Schüler gründlich zu analysieren sind. Autistische Schüler benötigen in höchstem Maß positive Lernsituationen. Sie sind kaum in der Lage, Fehler zu erkennen und aus ihnen zu lernen. Deshalb ist es dringend geboten, ihnen zu Beginn einer jeden Lerneinheit jede Aufgabe möglichst in differenzierten Kleinstschritten aufzubereiten. Alle Lernsituationen sind so zu gestalten, dass sich fortwährend erfahrbare Lernerfolge ergeben.

Es ist ebenso bedeutsam, den Schülern durch Vorbild und Demonstration kontinuierliche Hilfestellungen und positive Lösungen zu ermöglichen. Es verbietet sich, verfrüht allzu komplexe Fragen zu stellen. Lernen nach „Versuch und Irrtum" ist ebenso wenig Erfolg versprechend wie die Aufforderung, Probleme selbsttätig zu lösen. Ein eingeschlagener falscher Lösungsweg wird nämlich kaum als solcher erkannt, so dass beim Schüler die notwendige Korrektur meist unterbleibt. Bei der Abfolge der Lernschritte ist darauf zu achten, dass Fehler von vornherein vermieden werden.

Als hilfreich erweisen sich Übungen mit konditionierten praktischen Tätigkeiten, die unmittelbare Erfolge zeitigen und das Kind Schritt für Schritt an das Ziel heranführen. Autistische Schüler werden nicht durch monoton ablaufende Trainingsprogramme mit schrittweisen Erfolgen aus ihrem „gefangenen Ich" gelöst. Dies gelingt primär durch individuelle, speziell variierte Lernmaßnahmen, die auf Erkenntnissen der Verhaltenstherapie basieren. Der Lehrer muss die in kleinsten Schritten erzielten Lernerfolge wahrnehmen und bestätigen, an die sich jeweils eine kurze Pause anschließt. Letztere signalisiert dem Kind das Ende der Übungssituation und den Beginn eines neuen Lernabschnitts.

Es ist unabdingbar, dass jede Aufgabenstellung differenziert auf die individuellen Fähigkeiten des Kindes abgestimmt ist, dass sie eindeutig formuliert und hinsichtlich ihres Umfangs und ihres Anforderungscharakters überschaubar ist. Lernmittel sind so zu wählen, dass sie den Arbeitsablauf und die Lösung von Aufgaben nachhaltig unterstützen. Überdies sollen Unterrichtsmaterialien zunächst immer nur *eine* Variationsmöglichkeit zulassen, um jede Form von Irritation und Überforderung zu vermeiden. Meist ist im Unterricht mit autistischen Kindern eine unmittelbare, direkte körperliche Lenkung von größter Wichtigkeit. Taktile Maßnahmen haben stets Priorität vor visuellen oder akustischen Hilfen.

Es empfiehlt sich, autistische Kinder in Unterrichtssituationen nur dort zu separieren, wo es unumgänglich erscheint. In allen Bereichen, in denen sich schulische Integration als möglich erweist, genießt der integrative Ansatz Vorrang vor Selektion. Im Besonderen muss man im Bereich der Freizeitgestaltung alle Chancen nutzen, dass Autisten mit anderen Kindern gemeinsam leben, sprechen und spielen können. Diese Kommunikationsangebote müssen vom Fachpersonal behutsam begleitet, unterstützt und – wo nötig – gelenkt werden, damit es dem autistischen Kind zunehmend gelingt, mit Gewinn und mit Freude daran teilzunehmen. Andernfalls besteht die Gefahr, dass sich der Schüler erneut rasch in sich zurückzieht und sich abermals und verstärkt auf seine Autismen konzentriert.

Da die Aufmerksamkeitsspanne autistischer Kinder meist nur von kurzer Dauer ist, muss der Unterricht in kleinste Lernschritte und Sinneinheiten gegliedert werden. Dazwischen benötigen die Kinder zur Beruhigung und Entspannung immer wieder Zeit für ihre bisher gewohnten Aktivitäten, etwa für Stereotypien. Weil sich die Schüler aus diesem Tun nur selten allein zu befreien vermögen, bedarf es motivierender Lernangebote.

Im Unterricht ist der Einsatz sonderpädagogischer Fördermaßnahmen von größter Bedeutung. Sie können nur von speziell ausgebildeten und erfahrenen Fachleuten ausgeführt werden.

Verwirklichung von kindorientierten Förderformen

Als geeignete Bildungsinhalte, mit deren Hilfe sich praktische Fertigkeiten einüben und emotionale Fähigkeiten anbahnen lassen, können gelten:

- *Förderung von Gemeinschaftsfähigkeit und Sozialverhalten*
  z. B. sich selbstständig versorgen, Gruppenfähigkeit erwerben, sich an verschiedenen Orten zurecht finden, Ordnungen und Anstandsregeln akzeptieren und einhalten, angemessenes Verhalten im Straßenverkehr üben, sexuelle Bedürfnisse einordnen und in sozialen Situationen angemessen mit ihnen umgehen

- *Motorik und Konzentration*
  z. B. Werkzeugfunktion der Hände erleben, Tastsinn und Feinmotorik verbessern, Konzentrationsübungen unter Anleitung durchführen, auch mit Hilfe von Computern

- *Emotionale Reaktionen und soziale Integration*
  z. B. Feste feiern, sich an Ausflügen und Unterrichtsgängen beteiligen, um die Lebenswirklichkeit zu begreifen

- *Sinneswahrnehmung*
  z. B. Farben, Formen und Materialbeschaffenheit erleben, Geräusche und Musik auf sich wirken lassen, Funktionalität verschiedener Gebrauchsgegenstände verstehen

- *Rhythmik und Bewegung*
  z. B. Personenkontakte unter Einsatz von Instrumenten anbahnen, Spiellieder singen, Tänze zur Auflockerung gestalten, mit dem Orff-Instrumentarium handelnd umgehen, durch Meditationsübungen zur Ruhe kommen, körperliche Führung annehmen, ungezielte Handlungen in gelenkte Aktivitäten überleiten, koordinierte Bewegungen und Handlungsmuster ausführen

- *Praktisches und künstlerisches Gestalten* in den Fächern Hauswirtschaft, Werken, Textilarbeit, Kunst und im Projekt „Gartenarbeit"
  z. B. einfache Speisen zubereiten, mit gebräuchlichen Hausgeräten umgehen, Esskultur demonstrieren, einfache Reparaturen an Gegenständen und Kleidungsstücken ausführen, im Garten kreativ arbeiten, Erfahrungen mit Natur und Umwelt sammeln, in freiem und gelenktem Tun – unter Benutzung verschiedener Materialien und Hilfsmittel – Kreativität entwickeln, die Freizeit lustbetont gestalten

- *Aufbau und Formung von Sprache*
  Angesichts der komplexen Symptomatik ist in der Regel eine langfristige individuelle Sprachförderung vonnöten. Dabei muss die Sprachtherapie in eine psychologische Gesamtbehandlung eingebettet sein. Häufig fehlt autistischen Menschen nicht die organische Sprachbefähigung, sondern der Antrieb zum Sprechen, da sie kein Bedürfnis nach zwischenmenschlicher Kommunikation zu verspüren scheinen.

- *Mathematische Fähigkeiten*
  z. B. Sandpapierzahlen erfühlen, mit Mengen handelnd umgehen, Gelerntes in lebenspraktischen Zusammenhängen anwenden, etwa bei Einkäufen, Sonderbegabungen bei der Kontaktfindung und Kontaktintensivierung nutzen

- *Kulturtechniken: Lesen und Schreiben*
  z. B. Sandpapierbuchstaben ertasten, einfache Satzmuster in Variationen anwenden, auf Tonband lesen, die Bedeutung von schriftlichen Mitteilungsformen – wie Brief und Ansichtskarte – unter sozio-rehabilitativem Aspekt erfahren, Schrift als Merkhilfe bei kommunikativen Prozessen einsetzen, Lesebücher mit individuellen Geschichten – versehen mit persönlichen Zeichnungen und Fotos des Kindes – über das eigene Leben erstellen und verwenden, um sinnerfassendes Lesen anzubahnen

12.4.2 Integrative Förderung durch mobile therapeutische Betreuung in der wohnortnahen Schule

Da es keine wesenseigene Schulform für Autisten gibt, haben die Kinder und Jugendlichen den im Schulgesetz verankerten Anspruch auf Integration in der wohnortnahen allgemeinen Schule. Durchschnittlich begabte autistische Schüler sind durchaus in der Lage, das Bildungsgut der allgemeinen Schulen bei entsprechender mobiler therapeutischer Betreuung zu bewältigen. Den oft extrem ausgeprägten Verhaltensauffälligkeiten von Autisten stehen Lehrer und Mitschüler einer Regelklasse jedoch großenteils ratlos gegenüber. Gegenwärtig sind für autistische Kinder und Jugendliche, selbst bei guter kognitiver Begabung, die „Überlebenschancen" in den allgemeinen Schulen äußerst gering. Das unentbehrliche Angebot individueller Hilfen, etwa in Form von Schulbegleitung, scheitert häufig an der Kostenfrage. Die Lehrer an Regelschulen wurden zudem während ihrer Ausbildung überhaupt nicht oder nur unzulänglich auf den Umgang mit autistischen Kindern und

Jugendlichen vorbereitet. Deshalb sind sie den oft außerordentlichen Anforderungen, die ein Mensch mit Autismus an sie, an die Schüler ihrer Klasse und an die gesamte Schule stellt, nicht gewachsen.

Eltern autistischer Kinder und Jugendlicher weichen deshalb in der Beschulung seit Jahren, soweit die Möglichkeit dazu besteht, auf den Besuch von Förderschulen aus. Vor allem in Schulen zur individuellen Sprachförderung, in Schulen für Körperbehinderte und in Schulen für Sehbehinderte finden autistische junge Menschen bei Vorliegen dieser oft nur ansatzweise feststellbaren Behinderung immer wieder Aufnahme und können dort auch bei enger Zusammenarbeit von Lehrern und Eltern erfolgreich beschult werden.

Gleichwohl kann integrative Förderung autistischer junger Menschen durch mobile therapeutische Betreuung in der wohnortnahen Schule gelingen, wenn folgende Forderungen gebührende Berücksichtigung finden:

- Ausbildung und regelmäßige Fortbildung aller Lehrer der allgemeinen und weiterführenden Schulen im Hinblick auf den Umgang mit einem autistischen jungen Menschen in der eigenen Klasse
- Sorgsame Auswahl der Schule und der Lehrerpersönlichkeit
- Enge Zusammenarbeit zwischen den Lehrern der allgemeinen Schule, den mobilen therapeutischen Betreuern und den Eltern autistischer Kinder
- Vorbereitung aller Schüler der Klasse und deren Eltern auf den autistischen Mitschüler
- Bereitstellung besonderer räumlicher Ausstattung, die für den autistischen Schüler unabdingbar ist (etwa Arbeitsplatzgestaltung, Rückzugsmöglichkeiten, reizarme Zonen)
- Rücksichtnahme auf individuelles Lernverhalten (etwa Lerntempo, Zwänge in der Arbeitsweise, übergroßes Interesse für besondere Themen, Umfang des Lernstoffes, Problem des Leistungsnachweises)
- Verständnis
  - für die Unfähigkeit des Autisten, Beziehungen zu anderen Menschen aufzunehmen
  - für seine Möglichkeit, Sprache nur begrenzt zur Kommunikation zu benutzen und zugleich ein geringes Maß an Gestik und Mimik aufzubringen
  - für die Tatsache, dass er Sprache nur eingeschränkt entschlüsseln kann
  - für seine eingeschränkte Fähigkeit zum Blickkontakt
  - für seine reduzierte Hinwendung zum Gegenüber
  - für die unangemessene Art seiner Interaktionen
  - für die ihm innewohnenden individuellen Gesetzmäßigkeiten

Dem autistischen Kind soll im Unterricht der allgemeinen Schule so wenig wie möglich eine Sonderrolle zuteil werden, wiewohl es ohne spezifische Betreuung nicht auskommt.
Der gegenwärtige Aufbau und Ausbau der Mobilen Sonderpädagogischen Dienste erweist sich als überzeugende Maßnahme zur integrativen Förderung von Kindern mit sonderpädagogischem Förderbedarf. Auch im Förderbereich des Autismus liegt ein bislang noch unbestelltes Feld, das der Mobile Sonderpädagogische Dienst künftig betreten muss. Unabdingbare Prämisse ist indes eine vorausgehende fachliche Qualifizierung. Durch seine Fachkompetenz soll der Sonderschullehrer des Mobilen Sonderpädagogischen Dienstes den Schulen ‚Hilfe zur Selbsthilfe' bieten, damit diese den Förderbedarf autistischer Schüler möglichst angemessen erfüllen können.

12.4.3 Unterricht mit autistischen Kindern in einer eigenen Klasse: Das Projekt „Muschelkinder"

Franz Rumpler

Die Vorgeschichte

Im Regionalverband Mittelfranken *Hilfe für das autistische Kind e.V.* hatte sich im Jahr 1992 eine Gruppe von Eltern mit einem autistischen Kind zusammengefunden, das innerhalb der nächsten drei Jahre zur Einschulung anstand. Teilweise waren diese Eltern unzufrieden mit den spezifischen Förderangeboten in Kindergärten oder in Schulvorbereitenden Einrichtungen, die ihre Kinder besuchten. Vielfach war den Eltern aufgefallen, dass in den regulären Einrichtungen wenig Wissen und Kompetenz im Hinblick auf Autismus vorhanden waren. Hinzu kamen bei den regelmäßigen Treffen im Verband auch Berichte von Eltern autistischer Jugendlicher über ihre Erfahrungen mit der Schule. Eine Mutter fasste ihre Eindrücke sehr treffend zusammen: „Es hing immer wieder vom Zufall ab, welche Lehrkraft mein Sohn bekam, und ob sich diese dann auf den Autismus einstellte."
Um von diesem Wechselspiel des Zufalls wegzukommen, suchte die Elterngruppe der einzuschulenden Kinder nach einem neuen pädagogischen Ansatz. Gestützt auf Berichte aus Bremen, Dänemark und den USA, wo man auf gute Erfahrungen mit Spezialklassen für Autisten verweisen konnte, wurde das Ziel bald klar. Es sollte der Versuch unternommen werden, eine Eingangsklasse zu bilden, die in ihrer Gesamtkonzeption den Autismus in

den Mittelpunkt stellte. Ein Vorhaben, das im Widerspruch zu dem aktuell immer wieder vorgetragenen Wunsch nach möglichst integrierter Beschulung von behinderten Kindern und Jugendlichen stand.

Der Weg zur Klasse der „Muschelkinder"

Die Eltern suchten äußerst frühzeitig bei Lehrern, Medizinern und Fachleuten aus verschiedenen Verwaltungsbereichen Unterstützung für ihren Plan. In regelmäßigen Zusammenkünften wurden die Zielvorstellungen und die damit verbundenen vielschichtigen Probleme erörtert. Vor allem standen diese Fragen im Raum:

Wie lässt sich eine spezifische Autistenklasse im bestehenden Schulsystem verankern?
Wer übernimmt die Trägerschaft?
Sind die einzelnen Fahrtwege für die Kinder verkraftbar?
Finden sich Lehrer, die sich dieser besonderen Aufgabe widmen?
Trägt die Schulverwaltung ein solches Projekt mit?

Die Reihe der zahllosen Fragen und Probleme kann hier nicht annähernd vollständig aufgelistet werden. Dabei galt es im Vorfeld immer wieder, Rückschläge zu verkraften: Schulträger mussten die Übernahme dieser Klasse ablehnen, geeignete Räumlichkeiten standen nicht zur Verfügung, Kostenzusicherungen konnten nicht gegeben werden. Und dennoch gelang das außerordentliche Projekt. Buchstäblich in letzter Minute war die Klasse gebildet.
Die Schulabteilung der Regierung von Mittelfranken stimmte zu, dass in Anlehnung an das Modell der Sonderpädagogischen Diagnose- und Förderklasse diese Lerngruppe mit dem *Förderschwerpunkt Autismus* gebildet werden konnte. Die Rummelsberger Anstalten übernahmen die Trägerschaft und gliederten diese Klasse der Comenius-Schule in Auhof-Nürnberg an. Besonders erfreulich war, dass sich auf eine Umfrage des Schulleiters im Kollegium rasch ein Team von Kolleginnen und Kollegen aus Schule und Tagesstätte fand, das diese völlig neue Aufgabe reizte: Sonderschullehrer, Sozialpädagoge, Heilpädagogische Unterrichtshilfe, Erzieherin. Die seit Jahren geführten Gespräche mit Schulträgern und Schulen zeitigten nunmehr weitere positive Folgen: das Zentrum für Hörgeschädigte in Nürnberg, das die Trägerschaft selbst nicht übernehmen konnte, vermietete geeignete Räumlichkeiten und bot so der Klasse eine Heimat, die sowohl verkehrsmäßig als auch durch ihre Einbindung in eine pulsierende Schule nahezu optimale Rahmenbedingun-

gen in Aussicht stellte. Auch auf Seiten der Sozialhilfeverwaltung gab es keine Probleme, eine angemessene personelle Ausstattung der Tagesstätte zu sichern – die Fahrtkosten eingerechnet. Zuletzt kam das gesamte Projekt billiger als eine drohende Alternative der Heimunterbringung.

Der Start

Die Klasse begann im September 1995 mit *fünf* autistischen Jungen und *einem* Mädchen. Ein weiteres Mädchen ergänzte ein Jahr später die Lerngruppe. Trotz sorgfältiger Vorbereitung des Teams begann ein Eintritt in pädagogisches Neuland. Niemand konnte Voraussagen treffen, wie bei der stark eingeschränkten Kommunikation der Kinder, bei ihren mangelnden Beziehungsfähigkeiten, bei den zum Teil starren Fixierungen und Stereotypien überhaupt so etwas wie eine Gruppensituation entstehen würde. Und viele – nach drei Jahren muss man sagen: zu viele – Berichte in der einschlägigen Literatur zeichnen ein Bild von autistischen Menschen, das „Einsteiger" eher abschreckt und sie zumindest nicht positiv einstimmt.

Das Team hat in dieser Phase das einzig Richtige getan: Es ging das Projekt völlig offen an, ja mehr noch, es war bereit zu lernen; zu lernen aus den täglichen kleinen Beobachtungen, aus den Signalen der Kinder. Übrigens sollte die Bezeichnung „Muschelkinder", die dem Klassenlehrer während seiner Vorbereitungen in den Sinn gekommen war, die umgebende Schale einer Muschel, den darin verborgenen besonderen Kern und das Wesen assoziieren, die es zu erschließen gilt.

Voraussetzungen für das neue Konzept

Ein wichtiger Aspekt für die Entstehung der Klasse der „Muschelkinder", aber auch für die bisherige erfolgreiche pädagogische Arbeit war das Engagement der Eltern. Sie alle gingen das Projekt freiwillig und mit der hohen Bereitschaft an, sich und ihr Wissen kooperativ einzubringen.

Gerade am Anfang konnten durch intensiven Austausch wichtige Informationen weitergegeben werden, die vor allem die Phase der Vertrauensgewinnung und die Bestimmung des spezifischen Förderansatzes beschleunigt haben. So bildeten der tägliche Informationsaustausch über Mitteilungshefte, Einzelgespräche, Unterrichtsbesuche, Hausbesuche und ein monatlicher Elternabend ein wichtiges Gerüst für die pädagogische Förderung. Ebenso waren alle Mitarbeiter bereit, sich gezielt für den Bereich des Autismus fortzubilden und entsprechende Veranstaltungsangebote wahrzunehmen.

Überdies waren die Voraussetzungen seitens des Teams, das aus Mitarbeitern der Schule und der Tagesstätte bestand, außerordentlich positiv. Jeder hatte sich freiwillig für diese Arbeit in der Klasse mit ausschließlich autistischen Kindern bereit erklärt und auch die Offenheit für neue Wege mitgebracht. Es war von Anfang an klar, dass Schule und Tagesstätte eine Einheit bilden müssen. Alle Zielsetzungen und Planungen werden gemeinsam diskutiert und geklärt; es wird die tägliche Arbeit abgestimmt. Für die Schüler gibt es keine wahrnehmbare Trennung zwischen Schulzeit und Tagesstättenzeit. Sie erleben ihre Förderung als Einheit.

Vertrauen als Grundlage

Wer schon des Öfteren mit autistischen Kindern engen Kontakt hatte, wird zustimmen können, wenn man diese als Persönlichkeiten beschreibt, die kaum zu manipulieren und schwer zu täuschen sind. Und so ist auch zu verstehen, dass das Team an den Anfang seiner Arbeit für die „Muschelkinder" das Angebot einer stabilen, tief gehenden und vor allem wechselseitigen Vertrauensbildung gesetzt hat. Auch nach drei Jahren bezeichnet das Team die innige Beziehung zwischen Kind und Lehrer als die fundamentale Grundlage für alle Fortschritte. Diese Vertrauensbasis hat auch schwere Verhaltensauffälligkeiten sowie ablehnende und aggressive Verhaltensweisen auszuhalten und sie muss seitens der Pädagogen immer auf Annahme des Kindes ausgerichtet sein. Nur so lassen sich Blockaden lösen und Plattformen für Lernprozesse finden. Dies führte aber auch dazu, dass alle Mitglieder des Teams erfahren konnten, wie sensibel autistische Kinder auf Befindlichkeiten und Störungsfelder im Miteinander reagieren.

Soziale Kompetenz

Einen Schwerpunkt in vielen Gesprächen mit Eltern bilden immer wieder der Wunsch und die Suche nach Möglichkeiten, ihren autistischen Kindern zu ausreichender sozialer Kompetenz zu verhelfen. Dies galt auch für diese Klasse. Nun könnte man meinen, ein optimaler Lösungsansatz sei die gemeinsame Erziehung und Unterrichtung mit nicht behinderten Kindern. Allerdings belegen Erfahrungen, dass autistische Kinder nur sehr eingeschränkt durch Nachahmung lernen können. Ein wichtiger Aspekt bei der Schaffung der Klasse der „Muschelkinder" ist, dass hier die Entwicklung von sozialer Kompetenz einen bedeutenden Schwerpunkt bilden muss: Beziehungen zu den anderen Gruppenmitgliedern aufzubauen und auszuhalten, andere wahrzunehmen und in alltäglichen Situationen sowie in der Öffentlichkeit erträglich zu reagieren.

In einem Rückblick über die Förderung in den ersten zwei Jahren wird konstatiert: „Die Schüler besitzen Fähigkeiten und Techniken, miteinander zu kommunizieren, die zum einen unsere Vorstellungen weit übersteigen, zum anderen sich aber auch zu sehr großen Teilen unserer Wahrnehmungsfähigkeit entziehen. Erst im Laufe des Schuljahres und mit zunehmender Sensibilität für die Ausdrucksformen unserer Schüler wurde diese Tatsache offensichtlich. Schneller als erwartet bildete sich eine Klassengemeinschaft unter den Schülern, welche ähnliche Beziehungsstrukturen aufwies, wie sie in anderen Klassen auch zu beobachten sind, beispielsweise persönliche Freundschaften und Abneigungen, Sensibilität gegenüber der emotionalen Befindlichkeit der Mitschüler mit entsprechenden Verhaltensweisen, Belustigung über die Mitarbeiter und deren Tun und Handeln usw." (*Geißler* 1998, 11 f.).

Das Vertrauen, welches das Team in die autistischen Kinder gesetzt hatte, und die zielgerichtete Einstimmung der Schüler auf die unterschiedlichen Unternehmungen haben zu sichtbaren Erfolgen geführt. Der Besuch öffentlicher Spielplätze war bald ebenso möglich wie Kino- und Theaterbesuche oder Unterrichtsgänge in Museen, in Tier- und Freizeitparks und ins Planetarium. Dabei benutzten die „Muschelkinder" mit ihren Betreuern vorwiegend öffentliche Verkehrsmittel.

Kommunikation

Selbstverständlich bildete die Anbahnung einer tragfähigen passiven wie aktiven Kommunikation bei jedem der „Muschelkinder" einen zentralen Förderschwerpunkt. Dabei setzte das Team gleichermaßen auf Entwicklung der Lautsprache und auf Förderung nonverbaler Kommunikationsmöglichkeiten. Die Akzentuierung wurde dabei weitgehend vom autistischen Kind gesetzt und war oftmals mitbestimmt vom Unterrichtsgegenstand, aber auch von der aktuellen Verfassung des Kindes selbst. Wenngleich der Erwerb der Lautsprache immer oberstes Ziel war, so kamen doch die raschesten Fortschritte mit der Einführung der Gestützten Kommunikation (FC-Methode). Hierfür wurden sowohl der Computer als auch die Wort- und Buchstabentafel verwendet: letztere auch in Form eines folierten Blattes, das immer zur Hand war, wenn mit den Kindern Entscheidungen herbeizuführen oder Wünsche abzufragen waren. Vor allem die Eltern zeigten sich in hohem Maß über die positiven Veränderungen beglückt, die durch diese Kommunikationsmöglichkeiten auf viele Alltagssituationen und auf das Miteinander in der Familie ausstrahlten.

Erst im intensiven und täglichen Umgang mit den „Muschelkindern" lernten Lehrer und Betreuer die eigene Wahrnehmung so zu schärfen, dass sie auch die mimischen und gestischen Signale der Kinder untereinander erkennen und deuten konnten. Für die Kinder selbst hatten diese Formen der Kommunikation schon sehr früh zu einem bewussten sozialen Handeln und Kommunizieren in der Klassengemeinschaft geführt. Das Sich-einlassen der Erziehungsverantwortlichen auf die Kommunikationsbereiche autistischer Menschen war und ist sicher eine elementare Voraussetzung für die Bereitschaft der meisten Kinder, sich auch für andere Formen von Kommunikation zunehmend zu öffnen.

Normalisierung der Wahrnehmung

Wie bei den meisten autistischen Menschen stellte das weite Feld der Wahrnehmungsstörungen auch bei den „Muschelkindern" eine entscheidende Herausforderung dar. Die Förderung der Wahrnehmung erfolgte nicht nur in Einzelförderung, sondern war ebenso Bestandteil des Klassenunterrichts.
Es wurde rasch deutlich, dass hyper- und hyposensible Verarbeitungsmuster auf bestimmte Reize bei fast jedem Kind schwankten und daher schwierig zu prognostizieren waren. Als Konsequenz ergab sich: „Es stellt sich die Forderung, dass zwar die Normalisierung von Wahrnehmungsstörungen eine wesentliche pädagogische Zielsetzung im Unterricht sein muss. Andererseits besteht ebenso die Notwendigkeit, dass Mitarbeiter, die an der Förderung autistischer Menschen mitwirken, versuchen müssen, diese Besonderheiten in der Wahrnehmung so weit nachvollziehen können, dass sie abweichende Verhaltensweisen, emotionale Befindlichkeiten, aggressive Handlungen, stereotype Bewegungsmuster usw. möglichst umfassend einordnen und verstehen können" (*Geißler* 1998, 14).
Die Förderung der Körperwahrnehmung zeigte rasch positive Wirkung auf Lernbereitschaft und Lernvermögen sowie auf die gesamte Stimmungslage der „Muschelkinder". Die Palette der Wahrnehmungsförderung erstreckte sich auf Massagen, reizbezogene dosierte Berührungen, Übungen in der Turnhalle bis hin zu Maßnahmen zur Entspannung.

Kognitive Förderung

Für das Team in der Klasse der „Muschelkinder" ergaben sich natürlich auch Probleme, die vor allem in der schulischen Förderung der autistischen Kinder begründet waren. Es stellten sich etwa folgende Fragen: Wie angemessen waren die Unterrichtsangebote für die einzelnen Kinder? Konnten sie von jedem Kind verarbeitet werden? Kaum ein Kind war zuverlässig in der Lage, den dargebotenen Unterrichtsstoff oder auch Teile davon auf Abruf wiederzugeben. Die Handlungskompetenz hierzu war bei den einzelnen Kindern nicht vorhanden. Ebenso versagten die herkömmlichen Diagnoseinstrumente. Allerdings belegten vielfältige Spontanäußerungen der Kinder im Nachgang zu unterrichtlichen Inhalten, dass sie über durchschnittliche und teilweise überdurchschnittliche kognitive Fähigkeiten verfügen. Mit dem zunehmenden Vertrauensverhältnis zwischen Pädagogen und Schülern waren letztere auch vermehrt bereit, sich auf gezielte Aufgabenstellungen einzulassen. Erfolgreich waren vor allem handlungsreduzierte Lernverfahren, etwa Zuordnungs- und Ergänzungsübungen im sprachlichen und mathematischen Lernbereich, Unterstützung durch Bild- und Textkarten oder Entscheidungsfindungen mittels Worttafeln.

Ein Schultag mit den „Muschelkindern"

Der Ablauf eines Schultages stellt sich im Allgemeinen folgendermaßen dar:

„8.30 Uhr: Ankunft der Schüler
Eingewöhnungsphase
8.30–9.00 Uhr:
Schwerpunktmäßige Zielsetzungen
– Selbstständigkeitserziehung
– Freie Betätigung im Bewegungsraum
– Erholungsphase von der Fahrt und Einstimmung auf den Schulalltag
– Persönliche Kontaktaufnahme zwischen den Schülern sowie zwischen Schülern und Mitarbeitern

Durchführung
– Persönliche Begrüßung der Schüler durch den Lehrer
– Jacken, Schuhe, Schal, Mütze ausziehen, aufhängen; Hausschuhe anziehen
– Freies Bewegungs- und Spielangebot im Bewegungsraum
– Musikkassetten hören
– Kontakte zu Mitarbeitern aufnehmen (körperliche Nähe suchen, scherzen)
– Zur Toilette gehen

Unterricht im Klassenverband (1. Unterrichtsphase)
Morgenkreis
9.00–9.20 Uhr
Schwerpunktmäßige Zielsetzungen
- Einübung sozialer Verhaltensweisen im Morgenkreis
- Begrüßung der Schüler untereinander und bewusste Wahrnehmung der Mitschüler
- Förderung der Interaktion zwischen den Schülern
- Förderung der körperlichen Wahrnehmungsfähigkeit

Durchführung
Wechsel in den Unterrichtsraum mit einem Spiellied
Morgenkreis mit folgenden Inhalten:
- Persönliche Begrüßung durch Handpuppen
- Bestimmung eines Tanzliedes anhand entsprechender Plakate durch einen Schüler
- Singen eines Tanzliedes, bei dem sich die Schüler begegnen und miteinander tanzen
- Aktivieren der verschiedenen Körperteile der Schüler durch die Mitarbeiter zu einem entsprechenden Lied (spielerische Wahrnehmung des eigenen Körperschemas)

Themenbezogener Unterricht in der Kreissituation
9.20–10.00 Uhr
Schwerpunktmäßige Zielsetzungen
- Bearbeitung von unterrichtlichen Lerninhalten
- Erweiterung der Zeitspanne der Konzentrationsfähigkeit anhand der Lerninhalte
- Bewusste Wahrnehmung von Aktionen der Mitschüler und des Unterrichtsgeschehens
- Erhöhung der Handlungskompetenz
- Einübung von Handlungsstrategien in der Gruppe
- Fördermaßnahmen im Bereich der Kulturtechniken

Durchführung
- Bewusstmachung des jeweiligen Datums und gemeinsame Erarbeitung des Tagesablaufes
- Erarbeitung der verschiedenen Unterrichtsinhalte aus dem Bereich des Sachunterrichtes im gemeinsamen Stuhlkreis
- Festigung dieser Unterrichtsinhalte durch die Bearbeitung entsprechender Aufgaben in Einzel- oder Zweiergruppen im Unterrichtsraum

Frühstückspause in der Küche mit folgenden Schwerpunkten:
10.00–10.30 Uhr
- Mithilfe der Schüler beim Tischdecken
- Warten, bis alle am Tisch sitzen und sich gegenseitig „Guten Appetit" gewünscht haben
- Bewusste Wahrnehmung und individuelle Auswahl von Nahrungsmitteln aus einem vorgegebenen Angebot
- Achten auf weitgehend angemessenes Essverhalten
- Toilettengang nach dem Frühstück
- Freies Betätigungsfeld im Bewegungsraum

Einzelförderung nach individuellen Förderplänen (2. Unterrichtsphase)
10.30–11.45 Uhr
Schwerpunktmäßige Zielsetzungen und Möglichkeiten der Durchführung
- Einzelfördermaßnahmen, Einzelarbeit und Kleingruppenarbeit in verschiedenen Räumen zu unterschiedlichen Lernbereichen wie etwa Erfassen von Bildinhalten, Wortkarten, Einzelbuchstaben, Ganzwörtern und entsprechende Zuordnungsübungen; Erfassen von Ziffern, Mengen mit entsprechenden Zuordnungsübungen
- Erweiterung der kommunikativen Fähigkeiten, etwa Förderung der aktiven Sprache; Nachahmung von Lautäußerungen; Anbahnung sinngebender Lautäußerungen; Imitationsübungen, etwa vor dem Spiegel
- Arbeit am Computer
- Angebot von FC an der Schreibtafel und am Computer
- Weiterführende Arbeiten am Sachunterrichtsthema
- Körper- und Energiearbeit
- Kritisch ausgesuchte Übungen aus dem kinesiologischen Bereich
- Übungen zum Erwerb rhythmisch-musikalischer Fähigkeiten
- Praktische Übungen im kreativen Bereich

Gemeinsamer Stuhlkreis
11.45–12.00 Uhr
- Fertigung von Schülerarbeiten, Begutachtung im Kreis und – wenn möglich – für alle sichtbare Ausstellung der Ergebnisse
- Spiel- oder Bewegungslied zum Abschluss des Vormittages

Mittagessen mit oben genannten Schwerpunkten
12.00–13.00 Uhr
- Toilettentraining

– Ruhephase im Bewegungsraum, die die Schüler weitgehend frei gestalten können

Nachmittagsunterricht (3. Unterrichtsphase)
13.00–14.30 Uhr
– Schwimmunterricht im Schwimmbad der Schule
– Musikalische Bewegungserziehung im Rhythmikraum der Schulvorbereitenden Einrichtung
– Bewegungsübungen und Sportunterricht in der Turnhalle
– Angebote zum bildnerischen Gestalten, weitgehend in thematischem Bezug zum Vormittagsunterricht
– Spiel- und Bewegungsangebote
– Exkursionen in die nähere Umgebung
– Wahrnehmung kultureller Angebote in erreichbarer Entfernung

Verabschiedung der Schüler
14.30 Uhr
Die Schüler werden vom Fahrdienst abgeholt und nach Hause gefahren" (*Geißler* 1998, 16 f.).

Ausblick

Nach dreijährigem Schulbesuch in der Klasse der „Muschelkinder", die als spezifische Form der Sonderpädagogischen Diagnose- und Förderklasse gilt, stellte sich für alle verantwortlichen Beteiligten die Frage nach der Fortsetzung der kindlichen Schullaufbahn. Die Wünsche der Eltern und die Vorschläge der pädagogischen Mitarbeiter deckten sich dabei völlig: Trotz immenser Fortschritte im Einzelfall sprachen sich alle für eine Fortführung der Klasse in der Mittelstufe aus. Die zahlreichen Berichte über die „Muschelkinder" und vor allem der Informationsaustausch der Eltern von autistischen Kindern führte nach den ersten drei Jahren zur Entstehung einer weiteren Gruppe von sechs interessierten Eltern mit dem Ziel, ihr Kind in eine spezielle Klasse einzuschulen. Die Rummelsberger Anstalten und die Comenius-Schule Auhof haben sich deshalb wieder bereit erklärt, eine neue Eingangsklasse zu eröffnen. Auch das Team, das die „Muschelkinder der ersten Generation" so einfühlsam betreut und gefördert hat, wird seine gewachsene Kompetenz für die Folgegruppe der „Muschelkinder" zur Verfügung stellen.

Somit scheint ein wichtiges Ziel erreicht zu sein, das sich möglicherweise auf andere Regionen übertragen lässt. Aber selbst, wenn es nicht immer wünschenswert oder auch möglich sein mag, eigene Klassen mit autistischen Kindern zu bilden, so zeigen die in der Klasse der „Muschelkinder" gesammelten Erfahrungen und die eingangs erwähnten Sorgen der Eltern doch positive Wirkung auf die Bildung von Klassen zu haben, die eine spezifische Förderung von autistischen Schülern zum pädagogischen Schwerpunkt erheben. Diese Klassen können auch in Schulzentren eingerichtet werden. Das dort arbeitende Personal ist dem Symptom des Autismus gegenüber aufgeschlossen und bildet sich dafür auch gezielt fort. Dort kann auch der komplexe Bereich der Wahrnehmungsstörungen die nötige Berücksichtigung finden, so dass spezifische Autismus-Klassen für weitere Kinder einen spezifischen Förderansatz bieten. Diese Klassen verfügen vor allem über ein hohes Maß an organisatorischer und inhaltlicher Selbstständigkeit.

Vielleicht führt dieser Weg zu einer künftigen Schule, in der autistische Kinder nicht untergehen. Denn: „Diese Kinder brauchen eine sorgsame Auswahl der Schule und der Lehrerpersönlichkeit. Die Schulleitung und das Lehrerkollegium müssen sich bereit erklären zu zusätzlichen Herausforderungen, zu mehr Verständnis und Toleranz" (*Müller-Egloff* 1995, 1). Das Projekt „Muschelkinder" hat diese Forderung nachdrücklich erfüllt und gibt Mut zu neuem Aufbruch zum Wohl von autistischen Kindern.

12.5 Kinder und Jugendliche mit autistischen Verhaltensweisen im Gymnasium – Möglichkeiten und Grenzen der schulischen Integration

Ronnie Halligan

Im Rahmen meiner Tätigkeit als Behindertenbeauftragter am *Kleinen privaten Lehrinstitut Derksen,* einem staatlich anerkannten Privatgymnasium in München, habe ich im Laufe der Jahre mit verschiedenen autistischen Kindern und Jugendlichen gearbeitet. In allen Fällen lag bei normaler Intelligenz ein frühkindlicher Autismus vor. Alle Betroffenen waren meist über einen längeren Zeitraum hinweg in Therapie. Obwohl bei allen die Diagnose identisch war, zeigten die Kinder trotz gewisser Gemeinsamkeiten beträchtliche Unterschiede im Hinblick auf die Formen und Auswirkungen ihrer Behinderung und auf ihre Persönlichkeitsstrukturen. Erhebliche Probleme bereiteten ihre eingeschränkten sozialen Kompetenzen in vielen verschiedenen Erscheinungsformen. Andere Schwierigkeiten ergaben sich aus ihrer mangelnden Anpassungsfähigkeit bezüglich der sprachlichen Kommunikation, des Arbeitstempos und der Interessenlage. In allen diesen Bereichen sind autistische Menschen sehr auf das Entgegenkommen ihrer Mitmenschen angewiesen. Es sind viele klärende Gespräche und differenzierte Problemanalysen mit Bezugspersonen erforderlich. Ebenso bedarf es immer wieder der Korrektur falscher Vorstellungen. Indes, die grundsätzliche Bereitschaft, das Kind mit all seinen Beeinträchtigungen zu bejahen und anzunehmen, gilt als eine fundamentale Voraussetzung.

Als tiefst greifende, bleibende Behinderung ist der Autismus gekennzeichnet durch „eine gestörte Funktionsfähigkeit in den Bereichen der sozialen Interaktion, der Kommunikation, der Sprache, der Wahrnehmungsintegration und der Flexibilität bezüglich des Verhaltens im Handeln und Denken ... Obwohl Autismus auf irreversible Störungen hirnorganischer Prozesse zurückzuführen ist, sind die daraus resultierenden Verhaltensweisen zu einem gewissen Grad, wenn auch nicht vollständig, erzieherisch und therapeutisch beeinflussbar" (*Baude* 1984, 25). Dies ist um so mehr der Fall, wenn es sich um Autisten mit gut durchschnittlicher Intelligenz handelt. Der normal begabte Autist hat klare Vorteile im Hinblick auf seine potentielle Förderung gegenüber autistischen Gleichaltrigen mit kognitiven Beeinträchtigungen. Es wäre aber irrig, daraus zu folgern, er habe deshalb weniger Probleme. Seine autistische Behinderung bedroht den erfolgreichen Abschluss jeglichen Vorhabens, in das andere Menschen einbezogen sind. Sie bleibt ein beherrschender Faktor in seinem Leben, ganz gleich, wie gut er sich innerhalb seiner Grenzen anpasst oder seine Defizite zu kompensieren vermag. Sehr viele Autisten weisen ihr Leben lang erhebliche Schwierigkeiten im zwischenmenschlichen Bereich auf. Die große Mehrzahl heiratet beispielsweise nicht. Die meisten gehen schließlich auch beruflichen Tätigkeiten nach, in denen sie allein arbeiten können.

Betrachten wir etwa das Schicksal von *Thorsten*[1], so fällt auf, dass er als Schüler sehr still und fleißig war. Er wies ein sehr geringes Erregungsniveau auf und hielt selten Blickkontakt. Sprechweise und Intonation waren äußerst monoton. Seine Essgewohnheiten waren auffällig, da er extrem wählerisch war. Er zeigte meist ein indifferentes Verhalten bei Anwesenheit anderer Personen. Nur selten unterhielt er sich mit einem Mitschüler, es sei denn, es ging

---

1 In diesem Beitrag wurden alle Namen geändert.

um seine persönlichen Interessensgebiete. Hier machte er verschiedene Phasen durch.

Zuerst begeisterte ihn alles, was mit Modellbau und Flugzeugen zu tun hatte. Es gab nichts, was er hier nicht wusste. Ohne Schwierigkeiten hätte er in jeder gehobenen Quiz-Show erfolgreich auftreten können. Er hatte oft einen kleinen Flieger dabei. Wollten andere Kinder damit spielen oder versuchten sie, ihm diesen Gegenstand wegzunehmen, geriet Thorsten außer sich. Hier mussten wir Lehrer alle Mitschüler um Einsicht und Verständnis bitten.

Nach der Flugzeugphase kam die Tunnelmanie. Thorsten fuhr stundenlang durch Tunnel und wollte alles über Tunnelbau wissen.

Dann folgte etwas ganz anderes: Er hatte monatelang einen kleinen Stock bei sich, der immer auf seinem Pult lag.

Schließlich wandte er sich intensiv dem Briefmarkensammeln zu, speziell interessierten ihn Automatenbriefmarken. Er, der sonst so still und brav war, schwänzte sogar die Schule, um an Ersttagsbriefmarken heranzukommen.

Meistens arbeitete er wortlos vor sich hin und oft huschte ihm nur ein leises Lächeln über die Lippen. Im Gegensatz zu anderen Autisten, die laut und störend, gelegentlich auch aggressiv sein konnten, bereitete der Umgang mit ihm keine auffallenden Schwierigkeiten. Im Grunde aber blieb er immer allein. Man konnte nur über seine Interessensgebiete nähere Kontakte zu ihm knüpfen. Nach bestandenem Abitur studierte er zuerst Architektur. Nach Aufgabe dieses Studiums arbeitete er in einem Konzern im Bereich Maschinenbau. Jetzt ist er professioneller Briefmarkenhändler.

Es ist für einen Menschen mit Anpassungsschwierigkeiten nicht einfach, sich in ein Arbeitsteam einzufügen. Dies liegt aber meist nicht daran, dass der Autist die fachlichen Inhalte der Arbeit nicht erfüllen könnte.

Antonia war eher die „typische" Autistin. Dies offenbarte sich vor allem in auffälliger Sprache, in Äußerungen, die des Öfteren nicht der Situation angemessen waren, in ständigem Wiederholen bestimmter Redewendungen, in lautem, schnellem, singendem Sprechen, in stereotypen, häufig ungewöhnlichen Körper-, Kopf-, Arm-, Hand- und Beinbewegungen – noch intensiver bei Erregung, etwa durch Schaukeln, Hüpfen und Zehengang. Sie hatte insgesamt eine Tendenz, „maschinenhaft" zu erscheinen. Hier war das Erregungsniveau im Hinblick auf exzessive Motorik und stereotype Verhaltensmuster relativ hoch. Manchmal lachte oder hustete sie auf übertriebene Art und Weise.

Verglichen mit Antonia ist *Bryan* ein ganz „untypischer" Autist. Er hält Blickkontakt und zeigt keine stereotypen Bewegungen. Er legt überhaupt nicht viele Stereotypien an den Tag, außer beim Spielen, wo er das Zeichnen von Eisenbahnzügen ganz besonders bevorzugt. Er ist oft ängstlich, bisweilen sogar überängstlich, aber er vermag den Grund dafür zu benennen. Man kann mit ihm darüber auch reden. Er distanziert sich allerdings nur sehr schwer von Situationen, die ihn stark beschäftigen oder betroffen machen.

Mit vielseitiger Hilfe – insbesondere durch die einfühlsame Begleitung seiner sehr engagierten Eltern – arbeitet Bryan hart an sich, wodurch immer wieder kleine oder größere positive Entwicklungsschritte gelingen. In seinem Fall könnte die Kooperation zwischen Schule und Elternhaus nicht besser sein. Auch das Einholen von Vorinformationen über das Kind gelang hier vorbildlich.

Ist dies nicht der Fall, akzeptieren die Eltern die Behinderung ihres Kindes nicht oder stellen die Diagnose in Frage, dann vermehren sich die Probleme für den autistischen Menschen außerordentlich. Es kommt dann oft zu Hause zu großen Turbulenzen und Spannungen. Eine solche Situation kann eine hohe Hürde, eine fast unüberwindliche Klippe für jegliches Integrationsbemühen bedeuten. Wenn die Verantwortlichen in der Schule die elterliche Bereitschaft und Fähigkeit zu Kooperation in Zweifel ziehen, stellt die integrative Beschulung eines autistischen Kindes ein großes Wagnis dar.

Schwierigkeiten zeigen sich bei Bryan im sozialen Bereich, bei der Kontaktaufnahme zu anderen Kindern, in größeren Kindergruppen und bei Spielen. Die kindliche Rangordnung, die insbesondere in Jungengruppen eine Rolle spielt, beeindruckt Bryan nicht. Er spielt auch gern und oft mit Mädchen, worüber sich Jungen seines Alters natürlich wundern.

Eine Erschwernis macht sich manchmal Erwachsenen gegenüber bemerkbar: das mangelnde Bewusstsein für Persönlichkeit und Stellung anderer Menschen. Als gewinnende und doch gleichzeitig möglicherweise irritierende Eigenschaft eines Autisten gilt, dass gewisse soziale Merkmale nicht sofort von ihm wahrgenommen werden, da er häufig seine ganze Anstrengung darauf richtet, anderen Leuten zu gefallen oder sie zu beeindrucken. Im Allgemeinen fühlt er sich in dem Maß zu ihnen hingezogen, wie sie sich freundlich zu ihm verhalten und von ihm positiv eingeschätzt werden.

Im Falle von Bryan ist es so, dass er zwar allen mit Höflichkeit begegnet und sehr liebenswürdig wirkt, aber anscheinend nicht der Meinung ist, dass er als Kind oft auch das zu tun hat, was ihm befohlen wird. Manchmal ist er nicht in der Lage, die Notwendigkeit eines „taktischen Rückzugs" einzusehen. Es bedarf eines einfühlsamen und engagierten Pädagogen, um eine drohende Eskalation zu verhindern, ohne dass gravierende Nachwirkungen auftreten. Im Verlauf von Therapien wurde Bryan wütend und handgreiflich, wenn er sich nicht verstanden fühlte. Er konnte sich aus Auseinandersetzungen nur schwer heraushalten. Er griff Kinder sogar körperlich an, die seiner Meinung nach im Unrecht waren. Diese Verhaltensweisen wiederholten sich später auch in der Schule. Erst mit der Zeit lernte er, in den einzelnen Situationen flexibler zu reagieren. Mittlerweile kann er sich besser abgrenzen, mischt sich jedoch noch immer in Vieles ein, was um ihn herum geschieht. Körperliche Übergriffe kommen nur noch vereinzelt vor. Bei Nachbesprechungen unschöner Zwischenfälle zeigt er sich einsichtig. Auch mit seinen Eltern analysiert er, was vorgefallen ist. Hilfreich für ihn ist die Formulierung konkreter, allgemein gültiger Regeln, die er im Bedarfsfall anwenden kann. Obwohl es letzten Endes schwierig ist festzustellen, wie viel „echte" Einsicht er in sein Verhalten hat, ist es zunehmend möglich, mit ihm Situationen zu besprechen. Er bemüht sich offensichtlich um erwünschte Verhaltensänderungen.

Für Bryan ist es eine Hilfe, wenn ihm sein Betreuer das Angebot macht, zwischen *zwei* Möglichkeiten auszuwählen und ihm somit Entscheidungen überlässt. Bryan braucht aber letztendlich konsequentes und eindeutiges Verhalten von Seiten der Erwachsenen. Gegensätzliche Positionen oder emotionale Reaktionen verunsichern ihn. Überdies benötigt er, wie alle Autisten, einen strukturierten, vorhersehbaren Tagesablauf, an dem er sich orientieren kann. Verlaufen die Dinge anders als gewohnt, kommt es bei nahezu allen Autisten zu Irritationen und die Gefahr von Konflikten wächst.

Antonia, Bryan und Thorsten zeigen ein weiteres signifikantes, unangemessenes Verhaltensmerkmal wie auch andere Autisten mit normaler oder überdurchschnittlicher Intelligenz: Bei außergewöhnlichem Interesse für ein Thema sprechen sie fast ausschließlich davon. Es fällt ihnen nicht auf, dass ein Zuhörer ihre Begeisterung unter Umständen nicht teilt. Sie reden immer weiter und reagieren, wegen ihrer Konzentration und Fokussierung auf den bevorzugten Gegenstand, überhaupt nicht auf die sich abzeichnende Langeweile ihres Gegenüber. Ein solcher Monolog lässt sich nur schwer unterbrechen. Die wechselseitige Rede, die eine normale Konversation kennzeichnet, findet nicht statt. Ein echter Gedankenaustausch ist oft nicht möglich. Wenn es dem Autisten gelingt, einigermaßen zuzuhören, kann er durch entsprechende Übungen seine Fähigkeit schrittweise verbessern, ein Gespräch angemessen zu führen. Freilich, er wird immer unsicher sein, ob er in der jeweiligen Situation zu viel, genügend oder zu wenig gesagt hat. Der Autist findet es äußerst schwierig, die vielfältigen Reaktionen eines Partners im Verlauf eines Gesprächs zu interpretieren, weil er auf eine Sache fokussiert bleibt und dazu neigt, in seine eigenen Gedanken versponnen zu bleiben.

Als weitere konkrete Schwierigkeit erweist sich, dass Antonia, Bryan und

Thorsten, wie alle anderen Autisten, nur sehr mühsam lernen, mit Sprache kreativ umzugehen. So können etwa Aufsätze zur Qual werden, es sei denn, man hilft den Kindern und Jugendlichen, den zu bearbeitenden Lerninhalt zu strukturieren. Mit Hilfe klarer Vorgaben können Autisten sehr viel lernen, aber eine veränderte Wiedergabe des Stoffes bereitet ihnen Probleme. Autisten können über Textaufgaben „stolpern", weil sie die Nuancen nicht verstehen und auch von sich aus nicht sagen können: „Das verstehe ich nicht!"

So unterschiedlich diese drei jungen Menschen sind, sie haben alle gemeinsam Schwierigkeiten in der Kommunikation und in der sozialen Interaktion. Sie weisen eine gewisse Starrheit auf, die sich in eingeschränktem Erkennen oder in Fehlinterpretationen sozialer und emotionaler Signale äußert, etwa dass bei ihnen Reaktionen auf die Emotionen anderer Menschen fehlen oder dass es ihnen an Verhaltensvariationen im sozialen Kontext mangelt.

Autisten können sich nur unzureichend in die Position von Mitmenschen versetzen. Es misslingt ihnen daher, sich die Reaktion des anderen auf ihr eigenes Verhalten vorzustellen oder sie zu antizipieren. Sie verstehen und durchdringen deshalb soziale Zusammenhänge, etwa Tabuthemen, subtile Botschaften, die Regeln des Miteinanderlebens oder den Anspruch des anderen auf eine private Sphäre nur unzureichend. Dies birgt natürlich Frustrationen, Komplikationen und Gefahren in sich. Autisten sind meistens naiv und unerfahren in sexuellen Angelegenheiten. Kinder fühlen sich wegen des allgemein unreifen Verhaltens eines autistischen Altersgenossen nur sehr selten zu ihm hingezogen. Der Autist gilt als Sonderling. Man muss ihm immer sehr entgegenkommen. Es gibt nur wenige Kameraden, die auf diese Notwendigkeit reagieren können oder Lust haben, negative Erfahrung öfter zu wiederholen. Im Laufe des Heranwachsens findet der Autist meist nur wenige echte Freunde, die seine Interessen wirklich ganz teilen, wenngleich sich die Interaktion mit ihm größtenteils auf das gleiche Hobby oder die gemeinsame Beschäftigung bezieht.

Von großem Nutzen kann ein so genanntes soziales Training sein. Mit Hilfe eines erfahrenen Therapeuten und informierten Pädagogen können autistische Menschen mit ausreichender Intelligenz durch immer wiederkehrende und sachliche Erklärungen gleichsam die Art und Weise über den Verstand erlernen und verinnerlichen, wie ihre Verhaltensweisen von ihren Kommunikationspartnern wahrgenommen werden. Autistische Menschen wie Antonia sind in nahezu allen Gesprächen darauf angewiesen, dass der Gesprächspartner verständnisvoll auf sie eingeht, sie aber auch an grundlegende Gesprächsregeln erinnert, sie behutsam „bremst", wenn sie unaufhörlich reden – was sehr häufig passiert – und sie immer wieder zum eigentlichen Thema zurückführt.

Fast alle Autisten leben nach ihrem eigenen Zeittakt. Alles muss „aus ihnen heraus" kommen. Insgesamt haben Autisten ausgeprägte Umstellungsschwierigkeiten. Bryan und Thorsten etwa müssen beide eine Tätigkeit ganz zu Ende führen, bis diese für sie subjektiv beendet ist. Erst dann können sie sich einer neuen Aufgabe zuwenden. Aufgrund ihrer Wahrnehmungsstörungen brauchen Autisten oft lange Zeit, um sich organisieren zu können. Alle Aufgaben, die unter Zeitdruck zu bearbeiten sind, erweisen sich daher häufig als Problem. Dies gilt auch für mündliches Abfragen. Hier muss man rasch verstehen und antworten. Autisten können zahlreiche Aufgaben vielfach nicht im üblichen Zeitrahmen zu Ende bringen. Insgesamt erweist sich die Umsetzung von Einsichten und Vorsätzen ins praktische Handeln als höchst schwierig. In vielen Lebensbereichen sind autistische Menschen wie Antonia, Bryan und Thorsten lebenslang auf die aktive Unterstützung und Fürsorge durch ihnen vertraute Personen angewiesen.

Lehrer können hier sehr wirkungsvoll agieren. Sie können die Chance erhöhen, dass ein autistisches Kind von der Klasse angenommen wird. Wesentliche Voraussetzungen für das Gelingen von Gemeinsamkeit und Miteinander sind,

– dass die Lehrer die Behinderung des Autismus erklären,
    (Bei höheren Klassen ist es empfehlenswert, den Therapeuten des betroffenen Kindes zu bitten, mit der Klasse über das Thema zu sprechen. Die Schüler sollen Gelegenheit erhalten, alle ihre Fragen zu stellen, ihre Sorgen, Bedenken und Probleme im Umgang mit Autisten kundzutun. Sie sollen ermutigt werden, offen zu benennen, was sie am Verhalten des Autisten stört.)
– dass die Lehrer Wege aufzeigen, wie Mitschüler gegenüber dem Autisten positives Verhalten entwickeln und stabilisieren können,
– dass die Lehrer ihre Wertschätzung über jede Form von Verstehen und Hilfe der Mitschüler zum Ausdruck bringen,
– dass die Lehrer alle Klassenkameraden immer wieder für die individuellen Probleme des Autisten sensibilisieren.

Im Interesse autistischer Kinder ist eine äußerst sorgsame Wahl der Schule und der Lehrerpersönlichkeit von entscheidender Bedeutung. Eine reduzierte Klassenstärke ist zwingend erforderlich. Schulleitung und Kollegium müssen bereit sein, zusätzliche Herausforderungen auf sich zu nehmen, wohl wissend, dass es in der Regel illusorisch ist zu glauben, dass ein autistisches Kind sich stark verändern wird. Wer die Aufgabe mit dieser Erwartungshaltung in Angriff nimmt, wird rasch enttäuscht sein. Begeisterung und

Einsatz sind notwendig, ebenso ein realistisches Bewusstsein, dass Integration häufig nur im Sinne einer Art geduldigen Nebeneinanders möglich sein kann, dass willkommene positive Veränderungen eher die Ausnahme darstellen.

Autistische Menschen leben meist nach ihren eigenen Gesetzmäßigkeiten. Die Kinder brauchen Begleitung nach dem Motto: Jedem das Seine. Wenn man jedoch diesen Grundgedanken auf die anderen Schüler in der Klasse überträgt, kann es durchaus sein, dass Lehrer die Erfahrung machen, dass ihr Einsatz für diese Aufgabe eine unerwartete, durchaus fruchtbare Wirkung auf die pädagogische Arbeit mit den vielen verschiedenen Individuen in der Klasse zeigt. Der Weg zu diesem Ziel gestaltet sich aber nicht leicht. Das autistische Kind braucht zweifellos mehr Akzeptanz hinsichtlich der individuellen Ausprägung seiner Persönlichkeit, wobei der Lehrer mitunter abzuwägen hat, was für ihn und für die Klasse noch zumutbar ist. Auch hier gibt es selbstverständlich Grenzen. Aggressives Verhalten anderen Kindern gegenüber kann kaum geduldet werden. Diesbezüglich ist ein konsequenter, aber auch flexibler Umgang mit dem autistischen Kind erforderlich, um das Problem akzeptabel in den Griff zu bekommen. Dem autistischen Schüler soll so wenig wie möglich eine Sonderrolle zugestanden werden, wenngleich er ohne ein gewisses Maß an Sonderstellung nicht zurechtkommt. Hier erweist sich Erziehung als pädagogische Gratwanderung.

Vorrangig ist und bleibt aus Sicht der Schule die Integration des autistischen Menschen in den Schulalltag. Dem Lehrer muss klar sein, dass das Sprachverständnis eines Autisten sehr stark am Konkret-Verständlichen ausgerichtet ist. Die „Wortwörtlichkeit" eines autistischen Menschen hat ihre Ursache in einer grundlegenden Kommunikationsstörung, die für ihn die Sinnesverschiebung von Begriffen in verschiedenen Situationen sehr oft unverständlich macht. Wegen seiner Wortwörtlichkeit ist der Autist für Spötter ein leichtes Opfer. Selbst wenn er die Neckereien mit Geduld hinnimmt, ist dieser Mangel eine ausgesprochene Behinderung in der Schule und später am Arbeitsplatz. Man kann begrenzt helfen, indem man klare, eindeutige Anweisungen gibt. Man soll sachlich distanziert und diskret auf die ungewöhnliche Wortwahl oder Sprechweise eines Autisten reagieren. In der Arbeit mit hörbehinderten Kindern ist es nicht anders. Zwänge in der Arbeitsweise und bestimmte Vorgehensweisen von autistischen Menschen lassen sich häufig nicht abbauen oder gar ändern. Sollte beim Autisten unerwünschtes Verhalten auftreten, ist es empfehlenswert, dieses möglichst zu ignorieren und relativ schnell und sachlich die Aufmerksamkeit auf eine erwünschte Tätigkeit zu lenken. Kurze, klärende Einzelgespräche bei passender Gelegenheit sind oft sehr hilfreich, wenn es darum geht, dass der Autist soviel wie möglich vom Leben und Lernen in der Schule profitiert.

Trotz aller Schwierigkeiten in der sozialen Interaktion und der Handlungsorganisation haben viele autistische Menschen eine mit herkömmlichen Intelligenztests gemessene normale Intelligenz. Sie haben oft ein gutes Gedächtnis für Fakten und spezielle Begabungen und Interessen, so dass Lerninhalte bis zu einem gewissen Maß aufgenommen und verstanden werden können. Teile ihrer „Wissenspakete" bleiben freilich inselhaft nebeneinander stehen. Die Erfahrung mit jugendlichen Autisten zeigt, dass sie in dem strukturierten Rahmen des Gymnasiums und mit der vollen Unterstützung ihrer Familien gut zurechtkommen und den Leistungsanforderungen entsprechen können, wenn auf ihre Behinderung Rücksicht genommen wird. Manchmal benötigen sie eine Arbeitszeitverlängerung. Oft ist es von Vorteil, Fragen schriftlich vorzulegen. Zusätzliche Unterstützung ist gelegentlich notwendig, um unverstandene Inhalte in individuellem Lerntempo und persönlicher Denkweise nachvollziehen zu können. Fundiertes Wissen über die besonderen Probleme autistischer Menschen und detaillierte Vorkenntnisse über ganz spezielle Wesensmerkmale, über Stärken und Schwächen des jungen Menschen im Rahmen einer möglichst intensiven Kooperation zwischen Schule und Elternhaus bleiben unabdingbare Voraussetzungen für erfolgreiche Integrationsarbeit.

13 Autismus, ein unentbehrlicher Gegenstand von Lehrerbildung und Lehrerfortbildung

Integrative Erziehung und Förderung von Kindern und Jugendlichen mit autistischen Verhaltensweisen stellen nicht nur an Eltern, Ärzte und Therapeuten höchste Anforderungen, sondern ebenso an Lehrer, die diese Kinder und Jugendlichen in ihren Klassen zu betreuen haben. Die bisherige Förderpraxis zeigt auf, dass *alle Lehrer aller Schularten* vermehrt sensibles Bewusstsein und ausgeprägtes Verständnis für die Besonderheiten autistischer Kinder benötigen, aber auch grundlegende Fachkenntnisse über das Autismus-Syndrom brauchen, um die Problematik des frühkindlichen Autismus rechtzeitig wahrnehmen und damit angemessen umgehen zu können. Es bedarf nicht nur eines hohen pädagogischen Engagements, sondern auch gezielter Maßnahmen in der Lehrerbildung und Lehrerfortbildung, um angemessene Fachkompetenz in Diagnostik und Förderung zu erlangen.

– Im Besonderen muss man das Problem des Autismus zum verbindlichen Lerninhalt der Lehrerbildung an Universitäten und Hochschulen erheben, damit in der Schulpraxis gezielte Fördermaßnahmen erfolgreich verlaufen können. Gleiches gilt für die Lehrerbildung der zweiten Phase.
In der überregionalen, regionalen und schulhausinternen Lehrerfortbildung bedarf es besonderer Anstrengungen mit dem Ziel, dass *alle Lehrer* durch spezifische Informationen über das Autismus-Syndrom der Persönlichkeitsentwicklung und der schulischen Integration dieser Kinder und Jugendlichen vermehrt Rechnung tragen können.
– Es ist unerlässlich, dass *alle Lehrer aller Schularten* – wann immer nötig – von der Existenz der Beratungsschulen Kenntnis haben. Sie sollen die Hilfe der dort tätigen Beratungslehrer in Anspruch nehmen und mit ihnen eng kooperieren.
– In der Erforschung des Autismus-Syndroms gelangt die Wissenschaft auch künftig zu immer neuen Erkenntnissen. Deshalb besteht für die Beratungslehrer die Pflicht, Angebote zur eigenen Weiterbildung wahrzuneh-

men, um im Hinblick auf die Komplexität und die Schwere der Beratungsarbeit ihre Fachkompetenz stets auf dem aktuellen Stand zu halten.
- Die Arbeit von Beratungslehrern, Beratungsschulen und Eltern, von sozialpädiatrischen und psychiatrischen Einrichtungen, von Verbänden, Jugend- und Sozialämtern braucht interdisziplinäre Kooperation und vielfältige Vernetzung, um die Förderung von autistischen Kindern und Jugendlichen effektiver zu gestalten. Der Verband *Hilfe für das autistische Kind e.V.* bietet in breitem Umfang vielfältige Trainingsseminare für Eltern an. Sie können sich dort im Umgang mit ihrem autistischen Kind im Sinne von Supervision wechselseitig beobachten und die Reaktionen der Kinder gemeinsam reflektieren. Dieser Verband leistet vorzügliche informelle und fachliche Arbeit, indem er in zunehmendem Maß auch Lehrer einlädt, die in Anwesenheit von Eltern und Therapeuten das angemessene Miteinander mit autistischen Kindern trainieren. In den Seminaren suchen alle Erziehungspartner auch gemeinsam nach geeigneten Fördermöglichkeiten. Es ist notwendig und Gewinn bringend zugleich, dass betroffene Eltern in konkurrenzfreier, vertrauensvoller Zusammenarbeit die Interaktionen von Lehrer und Kind in pädagogischen Bezügen beobachten können. Lehrer und Eltern sollen im Miteinander alle Probleme erörtern und Lösungen finden, Handlungsweisen wechselseitig korrigieren und voneinander positive Modelle übernehmen. Lehrer können von den Erfahrungen und Beobachtungen der Eltern lernen. Eltern können vom pädagogischen Know-how des Lehrers profitieren. Die Gefahr von Unterforderung und Überforderung des autistischen Kindes kann erheblich verringert werden.
- Unterricht und Förderung mit autistischen Kindern und Jugendlichen verlangen ein didaktisch-methodisches Konzept, das sich am individuellen Lern- und Leistungsvermögen jedes einzelnen jungen Menschen orientiert. Es ziemt sich, dass sich die pädagogischen Ziele, die Bildungsinhalte und die didaktisch-methodischen Verfahren an der Individualität des Schülers, also an den kindlichen Ressourcen und am persönlichen sonderpädagogischen Förderbedarf ausrichten.
- Autistische Kinder und Jugendliche stellen in jeder Schule hohe Anforderungen an den Klassenlehrer und ihre Mitschüler in der jeweiligen Klasse, aber auch an den Schulleiter und das gesamte Lehrerkollegium. Auch die Schulaufsicht ist in diese Verantwortung eingebunden. Insofern kann der Gegenstand des Autismus auch im Kontext von Schulentwicklung im Sinne von pädagogischer Qualitätserhöhung und Qualitätssicherung hohe Virulenz gewinnen: Denn Schule ist und bleibt diesen jungen Menschen jetzt und für die Zukunft in höchstem Maß verpflichtet.

Formen außerschulischer Beratung, Förderung und Therapie

14.1 Elternaktivitäten, Mitwirkung und Erwartungen

Jürgen Wolf

Notwendigkeit der spezifischen Förderung von Autisten

Eltern autistischer Kinder sind in der Regel die ersten, die bei ihrem Kind Symptome des Autismus erkennen. Sie müssen sich in der Folge ein Leben lang um optimale Fördermöglichkeiten kümmern. Dazu gehört insbesondere die Sorge um eine bestmögliche Beschulung ihres Kindes. Das Wort „Sorge" ist hier nicht grundlos verwendet, weil es für autistische Kinder in Deutschland nach wie vor noch keine speziell auf sie ausgerichteten schulischen Angebote gibt. Dies liegt wohl daran, dass die Mehrfachbehinderung des Autismus viel komplexer und somit für die Umwelt weniger durchschaubar ist als dies bei „einfach" behinderten Menschen – also etwa bei Körperbehinderten, Gehörlosen oder Blinden – der Fall ist. Aufgrund dieser Komplexität wagt man sich an das Thema 'Autismus' nur zögernd und mit Distanz heran.
Es verwundert daher nicht, dass sich Eltern von autistischen Kindern auf regelrechte Irrfahrten begeben, wenn sie die individuell angemessene Schule für ihr Kind finden wollen. Ein für Autisten passgerechtes schulisches Angebot existiert derzeit in Deutschland noch nicht. Engagierte Eltern müssen sich daher diese Schule im Einzelfall erst erkämpfen. Dies geschieht oft gegen den Widerstand oder zumindest nicht selten ohne tatkräftige Unterstützung von Seiten der Behörden.
Noch immer werden die meisten Autisten in Schulen für geistig Behinderte eingeschult, in denen sie in der Regel bis zum Ende der Schulzeit verbleiben. Dieser Tatbestand stellt für Eltern keine befriedigende Lösung dar, erfordert doch die spezielle Behinderung dieser Kinder im Wahrnehmungsbereich ein

individuell ausgerichtetes schulisches Förderangebot und eine Begleitung durch entsprechend ausgebildete Lehrer und Betreuer. Niemand käme auf die Idee, ein gehörloses oder blindes Kind in eine Schule für geistig Behinderte einzuschulen, es sei denn, es ist mehrfach behindert.

Schulen für geistig Behinderte können den spezifischen Störungen von Autisten im Wahrnehmungsbereich nicht ausreichend Rechnung tragen, wenn man vom Stand der gegenwärtig üblichen Ausstattung ausgeht. Es fehlen sowohl das Fachpersonal, das sich auf spezifische Erfahrungen mit Autisten berufen kann, als auch die entsprechenden Förderungsmöglichkeiten. Bei nicht optimaler Beschulung von Autisten besteht die Gefahr, dass sich die Kinder noch weiter aus ihrem sozialen Umfeld zurückziehen, Aggressionen gegenüber sich selbst und gegenüber anderen entwickeln und schließlich als bildungsunfähig gelten. Zuletzt werden sie irgendwo in Verwahrung genommen, wo sie – unter erheblichem Kostenaufwand – den Rest ihres Lebens ohne Würde verbringen.

Eltern sollen von Anfang an versuchen, dieser Entwicklung entgegenzusteuern, indem sie sich in Elterngruppen vereinigen und sich gemeinsam bei Behörden, Schulträgern und Politikern für die Errichtung einer spezifischen Schulklasse einsetzen, deren Förderkonzept sich einzig und zielgerichtet am individuellen Förderbedarf der autistischen Kinder orientiert. Diese Absicht zeitigte etwa in Mittelfranken Erfolg, wo auf Initiative der im Verein *Hilfe für das autistische Kind e.V. – Regionalverband Mittelfranken* zusammengeschlossenen Eltern eine Klasse der so genannten „Muschelkinder" eingerichtet wurde. Sie bietet in der Eingangsklasse sieben autistischen Kindern Raum zu individueller Förderung.

Vorrangiges Ziel dieser Klasse ist es, die in der Regel durchgängig wahrnehmungsgestörten Kinder gruppenfähig zu machen und mit Hilfe von verantwortlichen Fachleuten in Zusammenarbeit mit den Eltern fundiertes Wissen über die soziale und geistige Leistungsfähigkeit der Kinder zu gewinnen. Erst wenn man hierüber hinreichende Klarheit besitzt, kann eine tragfähige Entscheidung über die weitere Schullaufbahn dieser Kinder erfolgen.

Wie soll nun aus Sicht der Eltern eine Beschulung autistischer Kinder aussehen? Wie kann sie von den Eltern mitgestaltet werden?

Einrichtung von Klassen für Autisten

Es müssen *Schulen* oder zumindest *Klassen für autistische Kinder* eingerichtet und mit Fachpersonal ausgestattet werden, das die hohen, spezifischen Anforderungen erfüllt. Autistische Kinder in andere Schulen zu integrieren, misslingt in vielen Fällen oder zeitigt keine optimalen Ergebnisse. Am Ende derartiger Schullaufbahnen warten auf die betroffenen Schüler nicht selten geschlossene psychiatrische Anstalten.

Natürlich ist die kritische Frage erlaubt, ob eine Klasse, die einzig aus autistischen Kindern besteht, der richtige Weg ist, da man gegenwärtig doch allenthalben der Integration das Wort redet. Außerdem ist auch die Überlegung gestattet, ob eine gemeinsame Beschulung von Kindern mit gleichartigen Störungen erfolgreiches Lernen, die Bewältigung der Lernziele und den Aufbau von sozialen Beziehungen nicht erheblich erschwert. Diese Bedingungen wirken sich – so wird oft behauptet – äußerst nachteilig auf die Entwicklung der Kinder aus. Positive Erfahrungen aus den ersten drei Jahren der bereits genannten „Muschelkinder" bestätigen jedoch diese Befürchtungen nicht. Vielmehr scheint eine gemeinsame Beschulung autistischer Kinder in einer Klasse ein gangbarer Weg zu sein.

Ein wichtiges Argument für die gemeinsame Förderung autistischer Kinder ist auch, dass sie alle ein „verwandtes" Problem haben. Dadurch fühlt sich der Einzelne gegenüber seinen Mitschülern in etwa der gleichen Position, wie dies sicher nicht der Fall wäre, wenn ein autistisches Kind sich mit einem gehörlosen Kind in einer Klasse befände. Dies schafft eine geeignete Basis, auf der sich diese Kinder zunächst untereinander und später auch gegenüber dem Lehrpersonal öffnen.

Befähigung des Lehrpersonals und der Betreuer

Das Lehr- und Betreuerpersonal muss sich auf diese Kinder und Jugendlichen zuallererst einlassen und sie mögen. Es braucht hohes Verständnis, Einfühlsamkeit, große Belastungsfähigkeit und muss mit guten Nerven ausgestattet sein. Nur dadurch lässt sich eine unentbehrliche Vertrauensgrundlage schaffen und auf Dauer auch aufrechterhalten.

Lehrer und Betreuer müssen auf den angemessenen Umgang mit dem einzelnen Schüler speziell vorbereitet sein:

– Sie müssen das Phänomen des Autismus, seine Ursachen und Auswirkungen aus Fachliteratur und durch Fortbildungsmaßnahmen kennen.
– Sie müssen Möglichkeiten erfahren, wie man sich Autisten nähern und wie man sie zur Selbstöffnung bringen kann.

- Sie müssen über typische auffällige Verhaltensweisen von Autisten Bescheid wissen und mit ihnen angemessen umgehen.
- Sie müssen sich spezifische Diagnose-Instrumente sowie individuelle Förder- und Therapieformen aneignen.
- Sie müssen einzelne bewährte Methoden anwenden und stets nach neuen Fördermaßnahmen Ausschau halten.

Es ist vonnöten, dass der Lehrer sich vor dem Schuleintritt des Autisten, aber auch während der Schulzeit immer wieder bei den Eltern genau über das Kind informiert, etwa über Eigenarten, Neigungen, Gewohnheiten und über das häusliche Umfeld.

Niemand kennt das Kind genauer als die Eltern. Daher kann man in der Schule nur dann optimale Ergebnisse erzielen, wenn auch die Eltern bereit sind und die Chance haben, sich einzubringen. Unabdingbar ist, dass die von ihnen gegebenen Informationen in der Folge ebenso von den Betreuern genutzt werden. Für engagierte Eltern ist es nämlich immer wieder erstaunlich festzustellen, wie viele Eltern autistischer Kinder es gibt, die weder nach besseren schulischen Lösungen für ihr Kind suchen noch bereit sind, sich selbst mit ihren Erfahrungen und ihrem Wissen einzubringen. Sie überlassen die Verantwortung für ihr Kind gänzlich dem Lehrpersonal nach dem Motto: Lehrer werden ja schließlich für diese Tätigkeit bezahlt, also werden und müssen sie auch mit meinem Kind zurechtkommen.

Der Anspruch an das Elternhaus von autistischen Kindern

Förderung autistischer Kinder beginnt nicht erst in der Schule, sondern muss frühestmöglich in den Köpfen der Eltern ihren Anfang nehmen. Regelmäßiger Informationsaustausch ist deshalb von großem Nutzen, weil die Betreuer von bereitwilligen Eltern vielfältige bedeutende Einzelheiten in Erfahrung bringen. Sie werden über viele Details in Kenntnis gesetzt, etwa über kindliche Besonderheiten. Dieses Wissen ist unentbehrlich, um geeignete Förderprogramme zu erarbeiten und anzubieten. Auch jene Tatsachen sind von Bedeutung, die den Umgang mit den Kindern in alltäglichen Dingen des Lebens erleichtern, etwa Essverhalten, Toilettenverhalten, Vorlieben und Ängste der Kinder.

Betreuer können sich so von Beginn an auf Situationen vorbereiten und kritischen Momenten vorbeugen. Es gelingt ihnen, Wahrnehmungs- und Verhaltensprobleme adäquat einzuordnen. Sie finden Ansatzpunkte für Unterrichtsinhalte, wenn sie erfahren, was den Kindern besondere Freude bereitet.

Häusliche Fördermaßnahmen lassen sich in der Schule fortführen und verstärken. Dadurch gelingt eine Abstimmung der elterlichen Arbeit mit der schulischen Förderung. So sollte etwa das Essen mit Messer und Gabel zur gleichen Zeit in der Schule und zu Hause begonnen werden. Es lassen sich auch auftretende Probleme gemeinsam beseitigen, indem man Lösungsversuche diskutiert. Sie können zu Hause und in der Schule erprobt werden. Auf Dauer wird das Vertrauensverhältnis zwischen Kindern, Lehrern und Betreuern in der Schule verbessert, weil die Schüler erkennen, dass die Lehrpersonen ebenso wie die Eltern reagieren.

Konkrete Formen der Zusammenarbeit von Schule und Elternhaus

Täglicher schriftlicher Informationsaustausch zwischen Eltern, Lehrern und Betreuern zu konkreten Lebenssituationen geben Auskunft über wichtige Details, etwa wenn das Kind schlecht geschlafen hat, wenn es auf bestimmte Nahrungsmittel verzichten muss, wenn es zu Hause auf gewisse Lernanreize angesprochen hat.
Umgekehrt laufen Informationen an die Eltern, etwa wenn in der Schule etwas Besonderes vorgefallen ist, wenn das Kind etwas Bemerkenswertes geleistet hat, wofür es Lob verdient, wenn in einem Bereich besondere häusliche Unterstützung erforderlich ist.
Monatliche Einzelgespräche zwischen Eltern und Betreuern erfolgen nach Bedarf.
Regelmäßiges „Hineinschnuppern" von Eltern in den Unterricht sollte eine Selbstverständlichkeit werden. Hausbesuche des Betreuerteams sind willkommen, um das Lebensfeld des Schülers kennen und einschätzen zu lernen. Monatliche Elternabende ermöglichen es, das Förderprogramm zu diskutieren und gemeinsam abzustimmen oder allgemeine Dinge zu besprechen. Bei Elternstammtischen ohne Betreuer können Eltern unter sich die Fortschritte ihrer Kinder erörtern und sodann mit Vorschlägen auf die Lehrer zugehen. Es ist von Nutzen, wenn Eltern sich bei der Bestimmung von pädagogischen Zielen und bei der Auswahl von Lernmitteln (z. B. Computer) mit Lehrern und Betreuern rege und partnerschaftlich austauschen.

Wesensmerkmale der Förderung

Die schulische Förderung muss aufgrund der Umfänglichkeit der Störung des Autismus komplex und ganzheitlich sein. Nur eine Verflechtung verschiedener Fördermaßnahmen, die auf die zunehmende Beseitigung der kindlichen Schwächen abzielt, führt zum Erfolg. Man kann diese Maßnahmen als integrative Förderung bezeichnen. Dies bedeutet, dass die Förderung auch Ergotherapie, Musik- und Sprachtherapie, aber auch andere Therapiemaßnahmen einschließt. Aus diesem Grund müssen Lehrer und Betreuer über spezifische Kenntnisse auf diesen Gebieten verfügen und ein breites Qualifikationsspektrum besitzen. Als ideal erweist es sich, wenn Lehrer und Betreuer bereits Vorerfahrung in der Arbeit mit Autisten besitzen. In diesem Fall müssen Eltern zu Hause nämlich kaum mehr als Therapeuten tätig werden, sondern können – abgesehen von Mithilfe bei den täglichen Hausaufgaben, durch die sie auf dem aktuellen Stand des kindlichen Lernens sind – nur Eltern sein.

Schulische Förderung heißt vor allem, die Wahrnehmungs- und Kontaktfähigkeit des Kindes zu verbessern, um in der Folge erste Lernprozesse zu ermöglichen. Dazu müssen aber eine tragfähige soziale Beziehung und ein enges Vertrauensverhältnis zwischen Lehrer, Betreuer und Kind aufgebaut werden. Auf diese Kontaktpflege muss bereits zu Beginn der Schulzeit großer Wert gelegt werden.

Es ist höchst bedeutsam, dass das Personal nicht zu häufig wechselt, weil insbesondere autistische Kinder auf ein persönliches Vertrauensverhältnis angewiesen sind. Ansonsten öffnen sie sich nicht. Ihr Wissen, ihre Fähigkeiten und Fertigkeiten verharren eingekapselt in „ihrer Schale". Aus diesem Grund bleibt beispielsweise das Lehrer- und Betreuerteam der „Muschelkinder" zumindest während der ersten drei Jahre weitgehend konstant.

Förderung muss unter Berücksichtigung inhaltlicher Zusammenhänge schüler- und altersadäquat aufeinander aufbauen, beginnend in Kindergarten und Schule bis hin zu einem möglichen Einstieg in das Berufsleben. Sie muss einem durchgängigen Konzept folgen, keinesfalls nach der Methode von ‚Versuch und Irrtum'. Ebenso ist es wichtig, dass nicht fortwährend neue Lösungen gesucht werden. Dies bedeutet, dass eine gewisse Kontinuität anzustreben ist. Ein in dieser Hinsicht stimmiges Konzept ist in Deutschland noch zu entwickeln. Das Modell der „Muschelkinder" leistet auf dem Weg zu diesem Ziel einen bedeutenden Beitrag.

Eine grundlegende Prämisse erfolgreicher Förderung stellt das Personal dar, das in ausreichender Zahl zur Verfügung stehen muss, um die Kinder, die etwa leicht in Erregung geraten und auch sonst unvorhersehbar reagieren, angemessen zu fördern. Der Betreueraufwand hierfür kann individuell sehr hoch sein. Es ist oft Einzelbetreuung vonnöten, weil jedes Kind einen häufig extrem individuellen sonderpädagogischen Förderbedarf aufweist. Kinder mit Unterfunktionen in der taktilen Wahrnehmung benötigen etwa Ergotherapie und Körpermassagen. Deshalb macht es Sinn, Schule und Tagesstätte möglichst zu integrieren, um hinsichtlich des Personalaufwands zu einer günstigen Relation von Lehrern, Betreuern und Kindern zu kommen.

Notwendigkeit eines gemeinsamen Förderungskonzepts

Förderung muss Kinder immer auch fordern. Förderung muss auf Zuwachs und Gewinn angelegt sein. Sie muss Unterforderung vermeiden. Kindern gelingt häufig erheblich mehr an Leistung, als die Eltern zu glauben bereit sind.
Förderung muss von geplanten und durchdachten Aktivitäten gekennzeichnet sein, damit die Eltern das Gefühl und die Gewissheit haben, dass die Förderzeit sinnvoll genutzt wird. Noch immer gibt es Einrichtungen, in denen – bedingt durch personelle Engpässe, durch fehlende Ausbildung des Personals oder infolge einer sehr aufwendigen Betreuung mehrfachbehinderter Schüler – die erforderlichen Fördermaßnahmen vielen autistischen Kindern vorenthalten werden, nur weil sie zurückhaltender und damit „pflegeleichter" erscheinen.
Förderung muss verstärkt auch Elemente des täglichen Lebens einbeziehen und Alltagssituationen anbieten, selbst wenn die Kinder noch keine Beziehung hierzu zu haben scheinen. Die Eltern werden auf diese Weise zu Hause entlastet. Sie erkennen, dass sie in der Arbeit mit dem Kind nicht allein bleiben.
Ziel der Förderung von autistischen Kindern ist es, eine möglichst weitgehende Befähigung zu selbstverantwortlicher Lebensbewältigung zu erreichen.
Die Förderung des Kindes muss stets in Zusammenhang mit der Kompetenzerweiterung der Eltern gesehen werden. Diese kann durch Schulungen, Seminare und Fortbildungen geschehen. Den Eltern gelingt es dadurch, die Absichten von Fördermaßnahmen – etwa von Gestützter Kommunikation – zunehmend besser zu verstehen und sie in der Folge gezielt und effizient im familiären Bereich einzusetzen.
Der Autist *Birger Sellin* hat mit Hilfe der Gestützten Kommunikation einen Gedanken schriftlich formuliert, der als Grundsatz jeder Förderung gelten kann:

"Die Menschen sehen nur meinen autistischen Außenpanzer, nie mein wirkliches Wesen. Wir sind Menschen. Behandelt uns wie Menschen mit Würde und Achtung und Verständnis! Jeder soll die Kastenmenschen lieben können, denn ihre Seelen sind klar und wie Kinder bei ihrer Geburt unschuldig."

Diese Einschätzung soll bei der Bereitstellung von Fördereinrichtungen ebenso ernst genommen werden wie bei der Durchführung aller Fördermaßnahmen, die autistischen Menschen zuteil werden. Es müssen für sie zu allererst menschenwürdige Lernumgebungen und Fördermethoden geschaffen werden. Sie müssen in ihrem Sosein und in ihrer Würde mehr als bisher geachtet werden. Dies gilt vorrangig für die schulische Förderung im Ganzen und darüber hinaus für das Berufs- und Erwachsenenalter.

14.2 Kooperation mit außerschulischen Fachdiensten

Kinder mit Autismus werden Erwachsene mit Autismus. Ihre Integration in die Gesellschaft wird in jenem Maß gelingen, wie intensiv sie im Kindes- und Jugendalter gefördert wurden. Ebenso bedeutsam ist, wie angemessen und umfassend die Öffentlichkeit über die spezifische Behinderung informiert wird. Deshalb obliegt es allen Erziehungsverantwortlichen, aber auch den Ärzten, Psychologen, weiteren Fachdiensten, der Arbeitsverwaltung, den Verbänden und Ausbildungsstätten, sich zu Anwälten dieser jungen Menschen zu machen. Es lohnt, persönliches Engagement an den Tag zu legen, um Entwicklungsfortschritte anzubahnen und zu unterstützen. Einzig auf diesem Weg vermag die Integration der Kinder und Jugendlichen mit autistischen Verhaltensweisen in diese Gesellschaft vermehrt zu gelingen. Diese jungen Menschen verdienen allseitige Unterstützung.

Eltern und Lehrer von autistischen Kindern tun gut daran, enge Verbindung zu außerschulischen Fachdiensten zu halten. Bedeutsam ist der Kontakt zu *Fachärzten,* die sich auf die Mehrfachbehinderung des Autismus spezialisiert haben und genetische, psychiatrische und heilpädagogische Beratungen durchführen. *Psychotherapeuten* bieten Hilfe bei Beziehungsstörungen innerhalb der Familie, die durch den Autismus eines Kindes hervorgerufen werden. So kommt es bisweilen zu dramatischen Konflikten zwischen Eltern und ihrem Kind, zwischen gesunden Geschwistern und dem behinderten Familienmitglied. Ebenso gibt es zu oft massive Spannungen zwischen beiden

Elternteilen selbst oder zwischen Eltern und den nicht behinderten Kindern – hervorgerufen durch die fortwährende Extrembelastung im Umgang mit dem autistischen Kind.
Geschulte *Sozialarbeiter* geben Rat und Hilfe suchenden Eltern und Lehrern praktische Unterstützung. Sie können genaue Anweisungen geben, welche Reaktionen auf abnormes Verhalten des autistischen Kindes angemessen sind, worauf man zu Hause, in Schule und Unterricht, in der Öffentlichkeit, etwa beim Einkaufen, auf Reisen und Klassenfahrten, bei Besuchen und in anderen besonderen Situationen zu achten hat. Differenzierte medizinische und soziale Behandlung sowie eine umsichtige häusliche Erziehung tragen entscheidend dazu bei, Beziehungsbelastungen gering zu halten, Verhaltensstörungen abzubauen und das Selbstvertrauen bei Eltern und Kindern zu erhöhen. Autismuskundige Sozialarbeiter geben auch Ratschläge für die häusliche Erziehung und für die Einübung von Formen angemessenen sozialen Handelns. Sie informieren Eltern und Lehrer über Hilfen im Haushalt und in schulischen Einrichtungen, über besondere Fahrdienste, über Möglichkeiten häuslicher und schulischer Sonderbeaufsichtigung.
Von hoher Bedeutsamkeit ist der Kontakt zu *medizinischen Therapieeinrichtungen*. Autistische Menschen benötigen nicht nur in Familie und Schule, sondern stets auch außerhalb dieser engen Lebensbereiche zusätzliche Hilfe und Betreuung. Hierbei kommt insbesondere den therapeutischen Fachkräften, etwa Logopäden, Beschäftigungstherapeuten und Psychologen große Mitverantwortung zu. Aus diesem Grund ist es zwingend geboten, dass die Schule mit diesen Betreuern kooperiert. Ziel ist es, ein möglichst einheitliches Förderkonzept zu entwickeln, in dem etwa gemeinsam festgeschrieben wird, welches Verhalten aufgebaut und gestärkt werden soll und welches Verhalten abgebaut und gelöscht werden muss. Indes, stets ist darauf zu achten, das autistische Kind nicht durch „Übertherapierung" zu überfordern.
Die Therapie autistischer Kinder ist dann wirkungsvoll und nachhaltig, wenn sie in enger Verbindung mit weiteren Maßnahmeträgern wie etwa dem Jugendamt geschieht. Letzteres vermag ambulante, teilstationäre Hilfen und Eingliederungshilfen bereitzustellen sowie die Finanzierung von erforderlichen Begleit- und Pflegepersonen zu gewährleisten. Auch bei allgemeinen Sozialdiensten, bei Schulpsychologischen Beratungsstellen an Staatlichen Schulämtern, bei Staatlichen Schulberatungsstellen sowie bei der Jugendberatung, etwa von Caritas, von Diakonie und Arbeiterwohlfahrt, kann wirksame Unterstützung für autistische Menschen und deren Angehörige angefordert werden.
Nicht zuletzt stellen Autismus-Verbände ein breit gefächertes Beratungs-

angebot und ein differenziertes Versorgungsnetz mit spezialisierten Helfern zur Verfügung, worauf Eltern und Lehrer Zugriff haben. So werden bei Bedarf und auf Nachfrage etwa Schulwegbegleiter oder Betreuer für besondere Situationen vermittelt.

Eine enge Kooperation zwischen Eltern, Schule und insbesondere zwischen allen Fachdiensten ist von großer Wichtigkeit. Auf diese Weise lässt sich die sonderpädagogische Förderung durch kontinuierliche ärztliche und pädagogisch-psychologische Begleitdiagnostik erheblich intensivieren. Nur im Verbund mit außerschulischen Fachdiensten gelingt es, einen umfassenden, kindbezogenen Förderplan für den schulischen und außerschulischen Bereich zu erstellen.

14.3 Autismus – Informationsbörse im Internet

Armin Deierling

Aktuelle Entwicklungen

Begünstigt durch die Liberalisierung des Telekommunikationsmarktes und durch den Preisverfall bei Personal-Computern vollzieht sich nun auch in Deutschland eine rasante Entwicklung im Bereich der modernen Kommunikationsmethoden. Jeder kann heute zu einem breiten Angebot an Kommunikations- und Informationsdiensten Zugang finden, das kaum Wünsche offen lässt.

Die Grundlage für diese Möglichkeiten bildet eine gewachsene, inzwischen sehr engmaschige, weltweite Vernetzung einer gigantischen Anzahl von Computern. Dieses Gebilde ist heute unter dem Namen „Internet" in aller Munde. Wird an einem Knoten des Netzes eine Information bereitgestellt, so ist diese Botschaft für jeden Informationssuchenden innerhalb von Sekunden weltweit verfügbar. Da praktisch jedermann diese Daten anbieten kann, sind Art und Qualität der Informationen entsprechend vielfältig. Deshalb ist für jeden Informationssuchenden die Chance groß, Daten zu finden, die seinen Interessen entsprechen. Die inzwischen angehäuften und weiterhin rasch anwachsenden Datenmengen bilden einen riesigen Pool an Informationen, die sich vielfach recht nutzbringend verwerten lassen.

In dieser gewaltigen Vielfalt finden sich auch Informationen, die das Störungsbild des Autismus betreffen. Sie werden überwiegend von betroffenen Eltern bereitgestellt. Mit der zunächst fremdartigen Diagnose konfrontiert, hatten sie einst selbst verzweifelt nach Hilfen gesucht, um für ihr Kind wirksame Förderung zu finden. Bald mussten sie erkennen, dass von den zu Rate gezogenen Experten oft nicht die erhoffte konkrete Hilfe zu erhalten war und dass keine echten Perspektiven aufgezeigt werden konnten. Vielmehr erwies sich der Erfahrungsaustausch mit anderen Eltern zumeist als wesentlich hilfreicher. So bildeten sich Strukturen heraus, die bald auch die Möglichkeiten des Internets nutzten.

Die Vorteile liegen auf der Hand:
- Brandaktuelle Hinweise können in Sekundenschnelle verbreitet werden.
- Auf Informationen aus erster Hand kann zugegriffen werden.
- Informationen können gezielt ausgewählt, kompakt und individuell aufbereitet werden.
- Unmittelbare Dialoge sind möglich.

Heute wirken an diesem Erfahrungsaustausch neben den Eltern, die zweifellos noch immer in der Mehrzahl sind, auch viele andere Personengruppen mit. Mediziner, Therapeuten, Pädagogen und Betreuer findet man ebenso wie eine zunehmende Anzahl von betroffenen Menschen mit Autismus, deren Hinweise meist als äußerst wertvoll empfunden werden.

Formen des Informationsflusses im Internet

Im Folgenden sollen die verschiedenen Möglichkeiten des Informationsaustausches über das Internet zum Thema „Autismus" konkret dargestellt werden. Es kann freilich keine Anleitung gegeben werden, wie der Zugang zu den Diensten des Internet technisch und organisatorisch zu bewerkstelligen ist. Diesbezüglich muss die Hilfe eines Internet-erfahrenen Kollegen, Freundes oder Nachbarn in Anspruch genommen werden. Außerdem kann auf einschlägige Fachliteratur zurückgegriffen werden. Die nachfolgenden Beschreibungen sollen jenen Personen hilfreiche Hinweise geben, die bereits mit den Möglichkeiten des Internet vertraut sind, aber auch dem Laien einen ersten Eindruck von den Chancen vermitteln, die das Internet bietet. Dabei werden die englischen Fachbegriffe – jeweils mit kurzer Erläuterung in deutscher Sprache – verwendet, da eine kongeniale Übersetzung häufig nicht möglich ist. Die im Internet gebräuchliche Sprache ist das Englische. Deutschsprachige Quellen sind in der Minderzahl. Deshalb wird auch künftig die englische Sprache das Hauptkommunikationsmittel im Internet bleiben.

Wenn gegenwärtig im allgemeinen Sprachgebrauch von „Internet" die Rede ist, so ist zumeist nur der wohl populärste Dienst gemeint, das so genannte „World Wide Web", abgekürzt „WWW". Unter dem Dach des Internet sind jedoch noch eine ganze Reihe weiterer Dienste zu finden, etwa:

– e-mail (electronic mail – elektronische Post)
– news (elektronisches Anschlagbrett)
– IRC (Internet Relay Chat – Dialogmöglichkeit in Echtzeit)
– ftp (file transfer protokol – Dateiübertragung)

Daneben existieren noch weitere Dienste, die im Zusammenhang mit dem Thema „Autismus" unberücksichtigt bleiben sollen.

Ressourcen im „World Wide Web" (WWW oder kurz: Web)

Die Möglichkeit, grafisch oder gar multimedial aufbereitete Informationen darstellen zu können, macht diesen Dienst besonders interessant. Die Verflechtung von Texten, Bildern, Audio- und Videodaten ist geradezu gigantisch. Ein Blick auf den Web-Browser in Aktion – ein Programm, das WWW-Dokumente darstellen kann – zeigt die Vielfalt in beeindruckender Weise. Wesentlich an einem derart aufbereiteten Dokument ist die Möglichkeit, einzelnen Textteilen einen „Link", einen Querverweis, zu hinterlegen, der – mit der Maus angeklickt – ein weiterführendes Dokument in den Browser lädt, das aus irgendeinem anderen Teil der Welt stammt. So kann man extrem schnell von Dokument zu Dokument wandern, bis die gewünschten Informationen gebündelt sind.

Als Beispiel für einen Web-Knotenpunkt mit dem zentralen Thema „Autismus" sei hier der „URL" (Uniform Ressource Locator; entspr. Web-Adresse) von John Wobus angeführt:

```
http://web.syr.edu/~jmwobus/autism
```

John, selbst Vater eines autistischen Sohnes, ist Mitarbeiter an der Universität von Syracuse in den USA. Er hat es sich zur Aufgabe gemacht, möglichst viele „Links" zu anderen themenbezogenen Web-Seiten zusammenzutragen und zu kategorisieren. Darüber hinaus verwaltet er die „List of Frequently Asked Questions" (FAQ), eine Sammlung von häufig gestellten Fragen und zugehörigen Antworten. Dazu zählt auch eine Zusammenstellung von Selbsthilfe-

Organisationen, Therapiezentren und Behörden, die sich allerdings überwiegend in den USA befinden. Literaturlisten, Therapiebeschreibungen, Fachbeiträge und vieles andere mehr machen diese „Site" (= Web-Knotenpunkt) zu einer der umfassendsten Informationsquellen und zu einem ausgezeichneten Startpunkt für das „Surfen" durch das Internet, hin zu anderen Autismus-Links.

Schlagwortartig seien hier noch „Web-Sites" von großen Selbsthilfeorganisationen mit Informations- und Hilfsangeboten, Therapiezentren mit der Darstellung ihrer Methodik sowie Universitäten mit Fachbeiträgen und Forschungsergebnissen genannt.

Ebenso erwähnenswert ist die Web-Präsenz vieler Menschen mit Autismus, die sich und ihre Probleme darstellen, ihre eigenen Lösungsstrategien beschreiben und engagiert für die Belange ihrer ebenso betroffenen Mitmenschen eintreten.

Wer sich gezielt einen umfassenden Überblick über abgegrenzte Themen im WWW verschaffen will, dem seien die großen Suchmaschinen empfohlen. Diese durchkämmen systematisch das Web und katalogisieren und indizieren alle gefundenen Web-Seiten. Durch die Angabe treffender Schlüsselwörter in den (Online-)Formularen der Suchaufträge kann man eine eingegrenzte Auswahl an interessanten Web-Sites zum gewünschten Thema erhalten.

Im Anhang des Buches findet sich zu den angesprochenen Bereichen jeweils eine kleine Auswahl von Web-Adressen.

e-mail (elektronische Post)

Den direkten Informationsaustausch von Person zu Person ermöglicht e-mail auf faszinierend einfache Weise. Mit der richtigen Adresse versehen, wird eine Nachricht von Rechner zu Rechner weitergereicht, bis sie schließlich auf dem Computer des Adressaten mitunter am anderen Ende der Welt zum Lesen bereitliegt. Dies kann innerhalb von Sekunden geschehen. In seltenen Fällen vergehen auch mehrere Stunden oder gar Tage, wenn der Weg zum Empfänger unterbrochen ist oder wenn ein Knotenpunkt die Nachrichten nur in längeren Zeitabständen weiterbefördert.

Besonders wichtig ist hierbei die absolut korrekte Adresse, da kein Postbote zur Verfügung steht, der Korrekturen oder Ergänzungen anbringen kann. Im Fehlerfall kommt die Nachricht unverzüglich als „unzustellbar" an den Absender zurück.

Beispiel einer e-mail-Adresse: `armin@iis.fhg.de` (Adresse des Autors dieses Beitrages) e-mail-Adressen von Personen, mit denen man Kontakt aufnehmen will, findet man auf deren Web-Seiten oder häufig auch durch die Teilnahme an so genannten Mailservern. Dabei handelt es sich um automatische e-mail-Versender, die jene Nachrichten, die unter einer vorgegebenen e-mail-Adresse eingeliefert werden, an alle Abonnenten weiter versendet. Auf diese Weise können aktuelle Themen auf einer sehr breiten Basis diskutiert werden. Wichtige Informationen erreichen automatisch eine Vielzahl von Interessenten.

Der Subskriptionsvorgang zur Anmeldung an einem Mailserver ist ebenfalls automatisiert. Dies soll am Beispiel des wichtigsten Mailservers mit dem Themenschwerpunkt „Autismus" erläutert werden.

Eine e-mail an	`listserv@maelstrom.stjohns.edu`
mit dem Inhalt	`subscribe AUTISM <Vorname Name>`
	[ohne spitze Klammer]

sorgt dafür, dass ab sofort eine Flut von etwa 50 bis 100 e-mails täglich eintreffen wird. Bei mehr als 3000 Teilnehmern weltweit ist dies nicht verwunderlich; Tendenz: zunehmend.

Eine weitere e-mail an	`listserv@maelstrom.stjohns.edu`
mit dem Inhalt	`unsubscribe AUTISM <Vorname Name>`
	[ohne spitze Klammer]

lässt diese Flut wieder versiegen. Mit dem Inhalt „`help`" werden weitere Optionen mitgeteilt.

Es ist wichtig, dass Nachrichten, die über den Mailserver an alle Teilnehmer verteilt werden sollen, an folgende Adresse versandt werden müssen:

`autism@sjuvm.stjohns.edu`

Die Inhalte dieses Mailservers sind breit gefächert und reichen von sehr persönlichen Mitteilungen bis hin zu fachlichen Abhandlungen von oftmals hoher Qualität. Neueinsteigern ist zu empfehlen, zunächst nur passive Mitleser zu bleiben, bis sie die so genannte „Netiquette", die höflichen Gepflogenheiten kennen. Unbedachte oder möglicherweise verletzende Äußerungen werden oft mit heftigen Reaktionen („flames") beantwortet. Neulingen sei ebenso die Lektüre der FAQ (List of Frequently Asked Questions – siehe oben) angeraten, um die immer wieder gleichen Fragen der „newcomer" zu vermeiden. Auf höflich vorgetragene Anfragen erhält man immer viele hilfreiche Antworten.

Neben dem AUTISM Mailserver werden noch zwei weitere Autismus-fokussierte Server betrieben. Der ANI-mailserver (Adressen im Anhang) wird von „gut funktionierenden" (high functioning) Menschen mit Autismus moderiert und benutzt. [ANI steht für „Autism Network International", eine Selbsthilfeorganisation autistischer Menschen. Der Begriff „high functioning" – gut funktionierend – ist gebräuchlich und etabliert.]

„NTs" (= neurologisch Typische) werden als Mitleser toleriert. Sie sollen schließlich autistische Lebensart kennen lernen. Gelegentliche NT-Beiträge werden ebenfalls akzeptiert. Die Beiträge der Menschen mit Autismus sind häufig von einer besonderen Art des Húmors geprägt und wirken oft recht bizarr. Bei Bedarf wird aber auch ernsthaft diskutiert.

Ein weiterer Mailserver wurde gegründet, nachdem einer der Teilnehmer am AUTISM Server durch persönliche unqualifizierte Angriffe das Vertrauen vieler Mitleser erschütterte. In der besonders geschützten Umgebung des neuen Servers will man auch sehr persönliche Dinge austauschen, ohne befürchten zu müssen, dass erneut peinliche Attacken erfolgen. Deshalb müssen sich Interessenten erst bewerben, indem sie ihren Bedarf an der Teilnahme glaubhaft darstellen. Ein Fürsprecher, der den Moderatoren des Servers bereits bekannt ist, ist außerdem als „Pate" für den Neuling erwünscht. Die Privatsphäre dieser mail-Liste soll auch hier gewahrt bleiben. Ernsthafte Interessenten können sich per e-mail an den Autor dieses Beitrags wenden: armin@iis.fhg.de

news

Den news-Dienst des Internet kann man sich am besten als eine Unmenge von thematisch gebundenen elektronischen Anschlagbrettern vorstellen, die auf nahezu jedem der teilnehmenden Rechner virtuell existieren und deren Inhalte zyklisch und wechselseitig zwischen „benachbarten" Rechnern abgeglichen werden. Auf diese Weise sind in kurzer Zeit weltweit alle diese Bretter großenteils auf dem gleichen Stand. Ein Benutzer kann die Nachrichten an diesen Brettern lesen, sie mit eigenen Kommentaren versehen und neue „Anschläge" daran befestigen. Derzeit existieren mehr als 7000 offizielle Bretter, die auch als „newsgroups" bezeichnet werden. Die äußerst offene Organisationsform dieses Dienstes ermöglicht den „Wildwuchs" von mehreren tausend weiteren inoffiziellen newsgroups.

Es gibt newsgroups zu vielen verschiedenen Behinderungsformen.

Mit Autismus beschäftigen sich folgende groups:

`bit.listserv.autism`	stark frequentiert; Inhalte werden in den AUTISM Mailserver gespiegelt und umgekehrt.
`sci.med.diseases.mental.autism`	sehr wenig frequentiert
`de.sci.paedagogik`	gelegentliche Autismus-Diskussionen in deutscher Sprache
`alt.support.autism`	neu; zunehmendes Interesse

IRC (Internet Relay Chat)

Eine unmittelbare Gelegenheit zum Erfahrungsaustausch bietet der IRC. Man könnte diesen Dienst als CB-Funk des Internets bezeichnen. Nachdem eine Verbindung mit dem IRC-Server hergestellt ist, wird ein soeben eingetippter Textabschnitt auf die Schirme aller anderen gerade verbundenen Teilnehmer übertragen. Eine gewisse Disziplin und selbst auferlegte Regeln sind unabdingbar, um bei vielen Teilnehmern einen „chat", ein „Schwätzchen", nicht ins Uferlose ausarten zu lassen. Damit man auch sicher genügend Partner antrifft, werden feste Tageszeiten für die Treffen vereinbart. Leider werden diese Zeiten an die geographische Lage der Mehrzahl der Teilnehmer angepasst (USA). Deshalb müssen europäische Teilnehmer in der Regel sehr früh aufstehen. Den *„chat channels"*, den Gesprächskanälen also, werden feste Themenschwerpunkte zugeordnet. Den *„channel"* `#autism` erreicht man – mit spezieller Software – beispielsweise über den Server:

`Amsterdam.NT.EU.StarLink-IRC.Org`

Einen weiteren channel, `#asperger`, haben Menschen mit Autismus für sich reserviert.

ftp (file transfer protocol)

Mit Hilfe von ftp können dafür bereitgestellte Dokumente komplett auf den eigenen Rechner heruntergeladen werden, um sie dann in Ruhe, ohne kostspielige Internetverbindung, lesen zu können. Dieser Dienst ist inzwischen eng mit dem WWW verzahnt, so dass ein Herunterladen mit dem Web-Browser möglich ist.

Unter `ftp://ftp.syr.edu/information/autism/`
findet man die bereits genannte FAQ (List of Frequently Asked Questions), ebenso Fachbeiträge und Memoranden von autistischen Personen.
Hat man den Einstieg in das „Netz der Netze", in das Internet gefunden und bewegt man sich mit spielerischer Leichtigkeit durch das Labyrinth von Daten, so wird man rasch feststellen, dass dieses relativ neue Medium eine schier unerschöpfliche Quelle an wertvollen Informationen zu bieten vermag. Dies gilt in besonderem Maß für Eltern autistischer Kinder. Aber auch alle Personen, für die das Thema „Autismus" von Interesse ist, können die „Informationsbörse Internet" mit Gewinn und sicher auch zum Wohl von Menschen mit Autismus nutzen.

14.4 Verband *Hilfe für das autistische Kind e.V.* – Stärkung durch Zusammenwirken

Nicosia Nieß

Verständnis zu finden, gehört zu den psychischen Grundbedürfnissen des Menschen. Gerade unter der besonderen Belastung, ein behindertes Kind in die Familie zu integrieren, brauchen die Eltern fachliche, vor allem aber auch menschliche Hilfen. Doch diese Unterstützung ist in der besonderen Situation, ein autistisches Kind zu erziehen, sehr schwer zu bekommen. Autistische Kinder wirken oft so „ungezogen" und „unerzogen", dass die Eltern sich meist nach allen Richtungen gegen den Vorwurf verteidigen müssen, sie seien ungeeignet oder unfähig, ein sonst ja „ganz normal" aussehendes Kind zu erziehen. Autistische Kinder fordern auch die Kräfte der Familie oft bis an die Grenze, etwa durch ihre nächtlichen Unruhephasen, mit ihren Schreianfällen, mit ihren Stereotypien, so dass sich der Freundeskreis in der Regel in kurzer Zeit zurückzieht. Immer nur Rücksicht nehmen zu müssen, weil die Eltern der autistischen Kinder darauf angewiesen sind, immer nur die gleichen Ausflüge zu machen, belastet viele Beziehungen, bis sie häufig zerbrechen.
Leider finden nicht wenige Eltern mit autistischen Kindern dieses Unverständnis vielfach nicht nur im „normalen" Bekanntenkreis, sondern auch im Umfeld von Schule, Tagesstätte und Werkstatt für Behinderte. Dies liegt an

der besonderen Art der Behinderung. Sie ist geprägt von einer Entwicklung, die nur wenig dem Normalverständnis von kindlicher Entwicklung und Ausdrucksweise entspricht. Viele geistig behinderte Kinder benehmen sich so, dass Eltern und Lehrer sie einfach wie Kinder annehmen und behandeln können und müssen, die einige Jahre jünger sind, als es ihrem Lebensalter entspricht. Mit einer solchen Zugangsweise kommt man bei autistischen Kindern nicht weit. Zu heterogen ist ihr Entwicklungsprofil, zu groß klaffen oft die Lücken zwischen kognitiven Fähigkeiten und den einfachsten lebenspraktischen Fertigkeiten oder gar ihrem sozialen Verstehen und Handeln.

Dieses Erscheinungsbild führt allzu häufig dazu, dass sich die Eltern autistischer Kinder selbst in der Förderschule in einer Sonderrolle wiederfinden. Während die anderen Eltern zu wissen scheinen – so ist vielfach die Meinung – wie man ein behindertes Kind angemessen erzieht, bleiben diese Bemühungen bei autistischen Kindern erfolglos. Die angestrebte Anpassung misslingt. Was liegt näher, als den Eltern dieser Kinder ein hohes Maß an Erziehungsunfähigkeit vorzuwerfen. Besonders groß ist natürlich der Druck auf jene Eltern, deren Kind eine allgemeine Schule besuchen kann. Ein intelligentes Kind muss sich nach allgemeinem Verständnis einfach anständig benehmen können. Es kann demnach nur an seinem fehlenden guten Willen oder am Elternhaus liegen, wenn es gegen die Regeln des sozialen Miteinanderlebens verstößt. Findet ein solches Kind keine Freunde, wird den Eltern rasch der Vorwurf gemacht, sie hätten es extrem einseitig intellektuell gefördert. Zwar wird vielfach nicht laut ausgesprochen, dass sie ihr Kind im sozialen Bereich vernachlässigt hätten, als Mutter und Vater eines autistischen Kindes empfindet man jedoch allenthalben diese latente Kritik.

Die Erkenntnis der letzten Jahre, dass es sich bei Autismus um ein genetisch verursachtes Krankheitsbild handelt, ist für manche Familien entlastend, nimmt diese Einsicht doch die Eltern vermehrt aus der Schusslinie der Vorwürfe, sie hätten dieses Kind nur nicht genügend geliebt, sonst hätte es sich normal entwickeln können. Aber diese Einsicht bürdet den Familien auch neue Lasten auf. Können, ja dürfen sie es wagen, noch weitere Kinder zu bekommen in einer Zeit, in der über die Kosten gestöhnt wird, die der Gesellschaft durch die Sorge für nicht so leistungsfähige Mitbürger aufgebürdet werden? Trauen sie sich selbst noch die kräftezehrende Versorgung eines weiteren, womöglich auch behinderten Kindes zu? Dürfen sie einem – hoffentlich – nicht behinderten Geschwisterkind die Belastung durch das behinderte Kind zumuten?

Wo können diese Eltern Kraft schöpfen, wo finden sie Rat und konkrete Hilfen? Ein wichtiger Ort für Stärkung und Innovation ist der Elternverband.

Hier wird Eltern immer wieder Trost und Mut zuteil, wenn sie anderen Eltern vom „ganz normalen Wahnsinn des Alltags" mit ihrem Kind erzählen dürfen und damit auf Verständnis stoßen. Welche Befreiung liegt darin, wenn andere Betroffene zustimmend nicken und sagen: „Ja, das kennen wir". Die Zukunft liegt nicht mehr im undurchsichtigen Nebel, wenn die Familien Kontakt zu Eltern älterer autistischer Kinder knüpfen und dabei erfahren, dass das Leben weitergeht, dass es für stetig neue Probleme immer auch brauchbare Lösungen gibt. Ein behindertes Kind macht eine Familie stets zu Sozialhilfeempfängern, denn die Hilfen für behinderte Menschen sind in diesem Staat der Sozialhilfe zugeordnet. Diese Tatsache ist für viele Familien oft nur schwer zu verkraften, weil der Umgangston mancher Behördenvertreter nicht immer leicht zu ertragen ist. Da hilft es, wenn man sich bei anderen Betroffenen erst einmal Rat holen kann, wie mit dieser neuen Situation umzugehen ist. Unter Eltern mit gleichen Erfahrungen können auch „peinliche" Themen leichter besprochen werden, ganz gleich, ob es darum geht, dass das Kind mit zehn Jahren noch Windeln braucht oder ob das Geld hinten und vorne nicht reicht. Geteiltes Leid ist wirklich halbes Leid, wenn man einen Gesprächspartner findet, der aus eigenem Erleben spontan und verständnisvoll reagiert. Und geteilte Freude ist doppelte Freude, wenn man nicht erst lange erklären muss, weshalb man so unendlich stolz darauf ist, dass das autistische Kind zum ersten Mal im Leben gelogen hat oder einen Besuch spontan begrüßt hat. Unzählige kleine Erfahrungen ließen sich diesbezüglich aufführen.

In all jenen Fällen, in denen für einzelne Familien die Kraft nicht ausgereicht hätte, haben wir in den letzten 20 Jahren gemeinsam ein Netz an Hilfen aufgebaut. Da ist die Beratung der Familien in allen Notwendigkeiten beim Umgang mit Behörden. Da ist auch der familienentlastende Betreuerdienst, der für Familien mit autistischen Kindern in ganz Bayern zur Verfügung steht. Gemeinsam konnte erreicht werden, dass es in jedem Regierungsbezirk eine Beratungsschule für autistische Kinder gibt. Gemeinsam konnten wir Fortbildungen veranstalten, die für einzelne Eltern unerreichbar geblieben wären. Miteinander können wir uns austauschen, Besonderheiten reflektieren und auch für andere Eltern nutzbar machen. So ist aus der unmittelbaren Erfahrung schon so manche Veröffentlichung als Handlungshilfe entstanden, die vor allem jüngeren Eltern hilft, wenn neue Probleme auftauchen. Der Elternverband übernimmt die Rolle des „Dolmetschers", wenn die Familien erstmals mit dem Fremdwort des frühkindlichen Autismus konfrontiert werden. Er kann auch die Rolle des „Übersetzers" zwischen Eltern und Schule, Tagesstätte oder Heim übernehmen. Eltern verlangen keine Bezahlung und erwarten keine Chipkarte, wenn sie miteinander sprechen. Eltern schauen auch nicht auf die Uhr, weil der nächste Patient schon vor der Tür steht. Ein Elternverband ist nicht an Instanzenwege gebunden. Die Einführung der Gestützten Kommunikation (FC) hätte ohne das Engagement der Eltern sicher noch Jahre gedauert. Die autistischen Kinder fordern uns heraus, für ihr ganzes Leben Strukturen zu schaffen und auf Dauer zu festigen, in denen sie menschenwürdig leben können. So ist die öffentlichkeitswirksame Arbeit des Elternverbandes die natürliche Konsequenz aus einer so schweren Behinderung. Wer, wenn nicht die Eltern, kann und muss realistische Vorstellungen haben, was an lebensbegleitenden Hilfen für autistische Menschen erforderlich ist?

Anschrift des Bundesverbandes

Bundesverband *Hilfe für das autistische Kind e.V.*
Vorsitzende: Helen Blohm
Vereinigung zur Förderung autistischer Menschen e.V.
Bebelallee 141
22297 Hamburg
Telefon 0 40/5 11 56 04 · Fax: 0 40/5 11 08 13

Anschrift der Regionalverbände Bayern

Hilfe für das autistische Kind e.V. – Regionalverband München
Vorsitzende: Dr. Nicosia Nieß
Ostpreußenstraße 9c
85386 Eching
Telefon und Fax: 0 89/3 19 38 52

Hilfe für das autistische Kind e.V. – Regionalverband Mittelfranken
Vorsitzender: Hans David
Frankenring 11
91325 Adelsdorf
Telefon 0 91 95/41 42 und 99 45 95 · Fax: 0 91 95/41 46

Hilfe für das autistische Kind e.V. – Regionalverband Regensburg
Vorsitzende: Ernestine Namislo
Hugo-Geiger-Siedlung 9
93158 Teublitz
Telefon 0 94 71/9 07 92 · Fax: 0 94 71/9 09 18

15 Wege zur personalen und sozialen Integration

15.1 Elternhaus und soziales Umfeld

Das Verhalten autistischer Menschen wirkt meist nicht nur auf die Umwelt irritierend, sondern hat zur Folge, dass auch die Familienangehörigen unter einer ständigen, bisweilen kaum zu ertragenden Anspannung stehen. Diese Auswirkungen bleiben dem sozialen Umfeld, vor allem der Nachbarschaft, dem Freundes- und Bekanntenkreis nicht verborgen. Man registriert dort die Anzeichen von Überlastung, von emotionalen Beeinträchtigungen, etwa bei Geschwistern. Man spürt die meist vergeblichen Bemühungen der Eltern, zumindest zeitweise diesem Spannungsfeld zu entkommen. Doch nur selten bietet die Mitwelt soziale Rahmenbedingungen, die jenen Personen, die mit einem autistischen Menschen zusammenleben, einen Ausgleich für die hohen Alltagsbelastungen in Aussicht stellt. Sie gibt ihnen so gut wie keine Kompensationsmöglichkeiten für die zahlreichen Enttäuschungen und Frustrationen, die sie täglich zu verarbeiten haben. Man muss das soziale Umfeld stetig von Neuem sensibilisieren, damit es bereit und gewillt ist, für autistische Menschen und ihre Familien individuelle Anpassungshilfen und Unterstützung bereitzustellen. Nur auf diesem Weg vermag die Entwicklung autistischer Menschen einen positiven Verlauf zu nehmen. Überdies können die Angehörigen das stärkende Gefühl aufbauen, dass sie in der Last der Verantwortung nicht völlig allein bleiben.

15.2 Gesellschaftliche Akzeptanz und Unterstützung

Die Belastungen, die das Zusammenleben mit einem autistischen Menschen hervorruft, sind außerordentlich. Sie erhöhen sich, wenn die Mitwelt nicht willens oder in der Lage ist, dem Autisten und seiner Familie Verständnis entgegenzubringen. Vor allem, wenn die Entstehung von unangemessenen Verhaltensweisen der elterlichen Unfähigkeit zur Erziehung zugeschrieben wird, steigert sich die bedrückende Situation für die Betroffenen häufig ins Unerträgliche. Vielfach mangelt es deshalb an gesellschaftlicher Akzeptanz, weil selbst grundlegende Kenntnisse über die Mehrfachbehinderung des Autismus allenthalben noch immer fehlen. „Die menschliche Fähigkeit, Normabweichungen zu tolerieren, wächst mit der geistigen Entwicklung und hängt daher auch von Angeboten aufklärender Information ab. So scheint die Wahrnehmungsweise mancher Nachbarn eine Erinnerung daran zu benötigen, dass es einzig und allein Glück ist, nicht selbst autistisch zu sein – keinesfalls eine verdienstvolle Leistung" (*Janetzke* 1993, 89).

Neben der Information über das Erscheinungsbild des Autismus muss auch Aufklärung über Möglichkeiten erfolgen, wie man autistischen Menschen und ihren Familien in allen schwierigen Situationen Hilfestellung geben kann. Vorrangig sind Verständnis und Offenheit für die Problematik gefordert. Die Chance, sich aussprechen zu können, bietet den Betroffenen immer psychische Entlastung und vermittelt den Zuhörenden wachsenden Einblick in diese noch immer rätselhafte Mehrfachbehinderung. Autistische Menschen und ihre Angehörigen wollen und müssen auch in gesellschaftsbezogene Tätigkeiten eingegliedert werden. Deshalb ist es von höchster Wichtigkeit, vermehrt sozialintegrative Freizeitmaßnahmen zu initiieren und die jungen Menschen hierbei sensibel und behutsam zu begleiten.

15.3 Berufliche Ausbildung, Arbeitsplatzbeschaffung und Freizeitgestaltung

Nicosia Nieß

Der Autismus begleitet die jungen Menschen vom Kindesalter ins Erwachsenenalter. Selbst bei intensivster Förderung und bei günstigster Entwicklung müssen sie mit ihrem Handicap leben und brauchen in der Regel auf Dauer die Unterstützung durch fachlich informierte, aber auch wohlwollende Menschen.

Da der frühkindliche Autismus eine schwere Mehrfachbehinderung ist, muss man das jeweilige geistige, soziale und lebenspraktische Entwicklungsvermögen des einzelnen Jugendlichen oder Erwachsenen sehr genau erfassen.

Trotzdem gibt es gewichtige Grundregeln, die fast immer Gültigkeit haben:

- Der autistische Mensch benötigt ein überschaubares Umfeld und konstante Bezugspersonen.
- Er muss vor Lärm, vor unerwarteten Berührungen und starken Gerüchen geschützt werden.
- Er braucht wegen seiner Ängste vor Veränderungen ein stabiles Handlungsumfeld und muss auf jeden Wechsel gut vorbereitet werden.
- Auch autistische Menschen mit positiver Entwicklung können unter Zeitdruck nur sehr erschwert arbeiten. Deshalb muss ihnen genügend Zeit für die Bewältigung von Aufgaben gegeben werden.
- Autisten, denen eine hinreichend lange Eingewöhnungszeit zugestanden wird, führen ihre Arbeiten in der Regel sorgfältig und zuverlässig aus.
- Selbst für sprechende autistische Menschen sind schriftliche Informationen und Anweisungen unverzichtbar, da sie die Aufnahme von sprachlicher Information im selbst gesteuerten Tempo ermöglichen.
- Bei allen sozialen Kontakten sind autistische Menschen auf fachliche, taktvolle und geduldige Unterstützung angewiesen.

Autistische Kinder besuchen nicht nur alle Schularten, sie finden sich auch in der gesamten Lebenswirklichkeit von behinderten und nicht behinderten Erwachsenen wieder. Für alle gilt, dass sie auf eine intensive Beratung durch ihre Bezugspersonen aus Elternhaus und Schule angewiesen bleiben, damit sie ein für sie passendes Arbeitsumfeld finden können. Da sie mit Erreichen des Erwachsenenalters – bedingt durch ihre Mehrfachbehinderung – noch nicht die soziale Reife der Gleichaltrigen besitzen, dürfen sie nicht mit Entscheidungen überfordert werden, deren Tragweite sie noch nicht überblicken können. Es ist Pflicht der erwachsenen Partner, den autistischen Menschen auf taktvolle Weise eine individuell angemessene Auswahl an Arbeitsmöglichkeiten anzubieten. Da der Lehrer die besonderen Fähigkeiten, aber auch die Schwierigkeiten autistischer Jugendlicher bei Leistungsanforderung in einer Gruppensituation am besten kennt, ist es von Vorteil, ja vonnöten, wenn er bei der Berufswahl des Schülers der Familie beratend zur Seite steht.

Ebenso ist es geradezu zwingend erforderlich, dass der Lehrer den zukünftigen Ausbildern oder Arbeitgebern von autistischen Menschen aus seiner individuellen Kenntnis präzise Informationen über die spezifischen Stärken und Schwächen des autistischen Jugendlichen gibt. Bedauerlicherweise entstehen oft vermeidbare Schwierigkeiten, wenn neue Bezugspersonen ein derartiges Hilfsangebot ablehnen und sich „erst einmal selbst ein Bild machen" wollen.

Zur Unterstützung der Familie ist hier ein hohes Maß an hartnäckiger Beharrlichkeit von Seiten des Lehrers sehr von Vorteil.

In der unstrukturierten Freizeit sind autistische Menschen meist mehr auf Hilfe angewiesen als in der festen Struktur der Arbeitswelt. Sie haben oft äußerst spezialisierte Interessen, und häuig stereotype Vorlieben. Abwechslung bereitet vielen eher Anstrengung als Freude. Fast immer benötigen sie Unterstützung bei der Planung und Ausführung ihrer Aktivitäten. Dabei muss man bedenken, dass stereotype Beschäftigungen für den autistischen Menschen einen wichtigen Erholungs- und Entspannungswert darstellen können. Dies gilt besonders dann, wenn er sich während der Arbeitszeit an die Gegebenheiten seines Umfeldes anzupassen hatte. Dennoch ist der Autist auf Anregungen der Umgebung angewiesen, da er sich allein oft nicht aus einer einmal gewählten Beschäftigung zu lösen vermag. Entgegen weit verbreiteter Vorstellung nehmen viele Menschen mit Autismus auch gern an Gruppenaktivitäten teil, wenn sie die notwendige Hilfestellung erhalten, um die Abläufe zu verstehen. Wir haben in den letzten Jahren mit einem Jugendclub sehr gute Erfahrungen gemacht, an dem sich auch sehr schwer eingeschränkte autistische Jugendliche mit Freude beteiligen.

In der Regel sind autistische Menschen mit positiver Entwicklung, insbesondere auch in Geldangelegenheiten, auf Schutz und Beratung angewiesen. Ebenso ist es für die Sicherung von ärztlicher Versorgung bedeutsam, sich rechtzeitig vor dem Erreichen der Volljährigkeit um eine rechtlich abgesicherte Betreuung zu bemühen. Es ist eine elementare Aufgabe und schulische Pflicht, die Eltern, etwa im Rahmen von Elternabenden, auf diese Vorsorge hinzuweisen.

16 Perspektiven

16.1 Wissenschaftliche Forschung – Hoffnung auf Hilfe für die Praxis

Wie in der Vergangenheit, so gilt auch gegenwärtig und zukünftig das Forschungsbestreben von Medizin und von anderen wissenschaftlichen Disziplinen der Suche nach den komplexen Verursachungen für die Mehrfachbehinderung des Autismus. Diese Beharrlichkeit zeitigt schrittweise Erfolge, die mosaikartig wachsen und sich stetig zu einem Ganzen fügen: Freilich, die Dilemmata, denen sich Autisten noch immer gegenüber sehen, zwingen auch künftig zu intensiver und kontinuierlicher Beschäftigung mit dem komplexen und komplizierten Phänomen des Autismus:

„Der beständigen Weiterentwicklung chemoanalytischer Untersuchungsmethoden und bildgebender Meßverfahren (zur anschaulichen Demonstration funktioneller Vorgänge im Zentralnervensystem) ist es zu verdanken, dass

– Nachweise biochemischer und neuronaler Ursachen dem Mythos der Elternschuld ein entlastendes Ende setzten,
– Vorsorge manche Autismusformen verhindern und
– rechtzeitige Ursachenerkenntnis die Entwicklung einiger autistischer Störungsarten aufhalten kann.

Psychologische Untersuchungen, die sich mit den Wahrnehmungsbesonderheiten autistischer Kinder im Vergleich zu nichtautistischen Kindern befassten, haben zu einer Verständnisgrundlage für störungsangemessene Therapie und soziale Eingliederung beigetragen. Den gegenwärtigen internationalen Forschungsstand spiegelt die zweite, 1991 herausgegebene internationale Autismus-Bibliographie des Psychiaters und Autismusforschers *Hans E. Kehrer*.

Trotz aller bisher geleisteten Forschungs- und Überlegungsarbeiten hat sich indes für viele autistische Kinder, Jugendliche und Erwachsene nur wenig an ihrer schwierigen Lebenssituation geändert, weil

- vorhandene Erkenntnisse (z. B. hinsichtlich der Ursachenvielfalt) therapeutisch nicht in vollem Umfang angewendet werden,
- störungsausgleichende soziale Rahmenbedingungen (vom Kindergarten bis zum Arbeitsplatz) bislang erst Ausnahme statt Regel sind,
- autismusbezogene Ursachen- und Therapieforschung aus finanziellen Gründen noch in den Kinderschuhen stecken.

Die in fachlichen Darstellungen beliebte, jedoch überflüssige Wortneuschöpfung ‚Autist' kann dazu verführen, die Wahrnehmung nur auf die Störungsphänomene auszurichten, verbindende menschliche Gemeinsamkeiten zu übersehen, und dadurch soziale Abspaltung vorzubereiten und soziale Eingliederung zu erschweren" (*Janetzke* 1993, 91 f.).

Aus dem Wissen um die engen Grenzen, die der Autismus-Forschung bis heute noch gesetzt sind, erwächst insbesondere für die Praxis dringender Handlungsbedarf, die bereits vorliegenden Forschungsergebnisse endlich mit Nachdruck in die konkrete Förderung von autistischen Kindern und Jugendlichen umzusetzen. Diese Anmahnung und Aufforderung finden vielerorts nachhaltige Unterstützung:

„Niemand, der mit der Geschichte der Psychiatrie vertraut ist, wird die Aussichten, Heilmethoden zu finden, allzu optimistisch beurteilen. Er wird auch das Ausmaß der weiter bestehenden Ignoranz der vorhandenen Möglichkeiten zur Verminderung der Behinderungen nicht unterschätzen. Wir wissen jedenfalls heute so viel, dass wir einige der zusätzlichen Behinderungen verhüten können, die sich entwickeln, wenn nicht einmal eine ungefähre Vorstellung von den primären Behinderungen, vom natürlichen Verlauf des Zustandes und von den wirksamsten sozialen und pädagogischen Maßnahmen vorhanden ist ... Hier und da gibt es etwas Hoffnung. Wenn die Kenntnisse, die wir schon besitzen, wirklich angewendet werden, wird sich manches nicht unwesentlich ändern" (*Wing* 1992, 13).

16.2 Interdisziplinarität in der Wissenschaft – Verknüpfung von Theorie und Praxis

Pädagogik begreift sich als ganzheitliches und komplexes Handeln. Gleichwohl hat sich die Pädagogik in der Praxis in hohem Maß als ein differenziertes System entwickelt und entfaltet. Dieser Tatbestand hat zur Folge, dass sie sich bis heute in (allzu) viele Fachdisziplinen aufgliedert. Gegenwärtig scheint sich indes eine Abkehr von der Dominanz der Einzeldisziplinen zu vollziehen. Zunehmend gewinnt der Aspekt von Interdisziplinarität, also die wechselseitige Verknüpfung der unterschiedlichen Fachrichtungen und Disziplinen, an Boden.

Im Hinblick auf die Förderung von Kindern und Jugendlichen mit autistischen Verhaltensweisen ist die Interdisziplinarität zwischen den Wissenschaftsfeldern von Medizin, Pädagogik, Psychologie und Soziologie ein Gebot der Stunde. Nur die Zusammenschau und das Zusammenwirken dieser unterschiedlichen Disziplinen – jenseits von Abgrenzung und beziehungslosem Nebeneinander – sowie die gezielte Bündelung von neuesten Forschungsergebnissen aus den Fachwissenschaften gewährleisten signifikante Fortschritte in Förderung und Therapie von autistischen Schülern. Es gilt als Axiom: Die Summe der Einzelteile ergibt noch keine Ganzheit.

Es besteht die Pflicht, dass alle Erziehungsverantwortlichen die Wechselwirkung von Theorie und Praxis erkennen, dass sie sich das Verbindende in einem ganzheitlichen Bildungskonzept zum Vorteil der autistischen jungen Menschen zunutze machen. Aus der Einsicht in die erschwerten Bedingungen dieser Kinder und Jugendlichen erwächst auch für den außerschulischen Bereich die Verpflichtung zu interdisziplinärem Handeln zugunsten von kompensatorischer Bildung und Erziehung.

Für eine Wechselwirkung von Disziplinarität und Interdisziplinarität kann im Wesentlichen eine fünffache Begründung angeführt werden:

- *Personalisation* stellt die Individualität der Person des Autisten mit ihren unterschiedlichen Zugängen und Aneignungsweisen von Welt in den Mittelpunkt des Lernens.

- *Ganzheitlichkeit* in der Persönlichkeitsentwicklung des autistischen Schülers führt dazu, dass das Denken und das Fühlen, das Erleben und das Wollen eine Einheit darstellen, die im Lernprozess nicht getrennt werden kann.

- *Praxisbezug* macht sich die theoretischen Erkenntnisse aus Wissenschaft und Forschung für konkrete, effiziente, individuelle Förderarbeit zunutze.

- *Vernetztes Denken* nimmt Abstand von isoliertem Einzelwissen, von isolierten Einzelbefähigungen und von isolierten Einzelhandlungen zugunsten von Einheit und von Ganzheitlichkeit im Lernen und Erleben der autistischen Kinder und Jugendlichen.

– *Komplexität* in der Einschätzung von Behinderung wird insbesondere auch der Mehrfachbehinderung des Autismus gerecht, weil sie bei allen Therapie- und Fördermaßnahmen die vielfältigen Verursachungen und die wechselseitige Beinflussung unterschiedlicher Beeinträchtigungen berücksichtigt.

Die gegenwärtige Tendenz zu integrativer Beschulung von behinderten Kindern und Jugendlichen in allgemeinen Schulen lenkt mehr als je zuvor das Augenmerk auch auf autistische junge Menschen. Autisten sollen dann in allgemeinen Schulen Aufnahme finden, wenn sich diese nach verantwortungsbewusster und einvernehmlicher Entscheidung aller Erziehungsbeteiligten als die jeweils individuell angemessenen Lernorte erweisen.

Um personale und soziale Integration von autistischen Schülern zu ermöglichen und nachhaltig zu sichern, bedarf es der engen Kooperation zwischen den einzelnen Schularten und den „Experten" für Autismus. Vor allem die Sonderpädagogik, die sich in ihrem Selbstverständnis vermehrt zur subsidiären Pädagogik entwickelt, kann einen unentbehrlichen Beitrag zu schulischer Integration von autistischen jungen Menschen leisten. Deshalb stehen alle allgemeinen Schulen, die autistische Kinder und Jugendliche aufnehmen, in Pflicht und Verantwortung, bei Bedarf die Fachkompetenz der Beratungsschulen, künftig vermehrt die Mobilen Sonderpädagogischen Dienste, aber auch die außerschulischen Fachdienste in Anspruch zu nehmen.

16.3 Vernetzung von lokalen Initiativen zu einem flächendeckenden Verbundsystem

Die Behinderung des Autismus wird vielfach von der Gesellschaft nur am Rande wahrgenommen. Aus diesem Grund ist es unabdingbar, diese Mehrfachbehinderung zunehmend in das Bewusstsein der Öffentlichkeit zu rücken. Nur auf diese Weise kann Verständnis für dieses Phänomen zunehmend wachsen. Diese Sensibilisierung gilt als Voraussetzung dafür, dass autistische Menschen in dieser Gesellschaft angemessen integriert werden können. Den Schulen kommt in diesem Kontext hohe Verantwortung zu. Sie können dazu beitragen, dass sich bei jungen, nicht behinderten Menschen sensibles Verständnis und vorurteilsfreier Umgang mit autistischen Altersgenossen entwickeln.

Systemische Diagnostik und Förderung, Therapie und Betreuung von autistischen Menschen

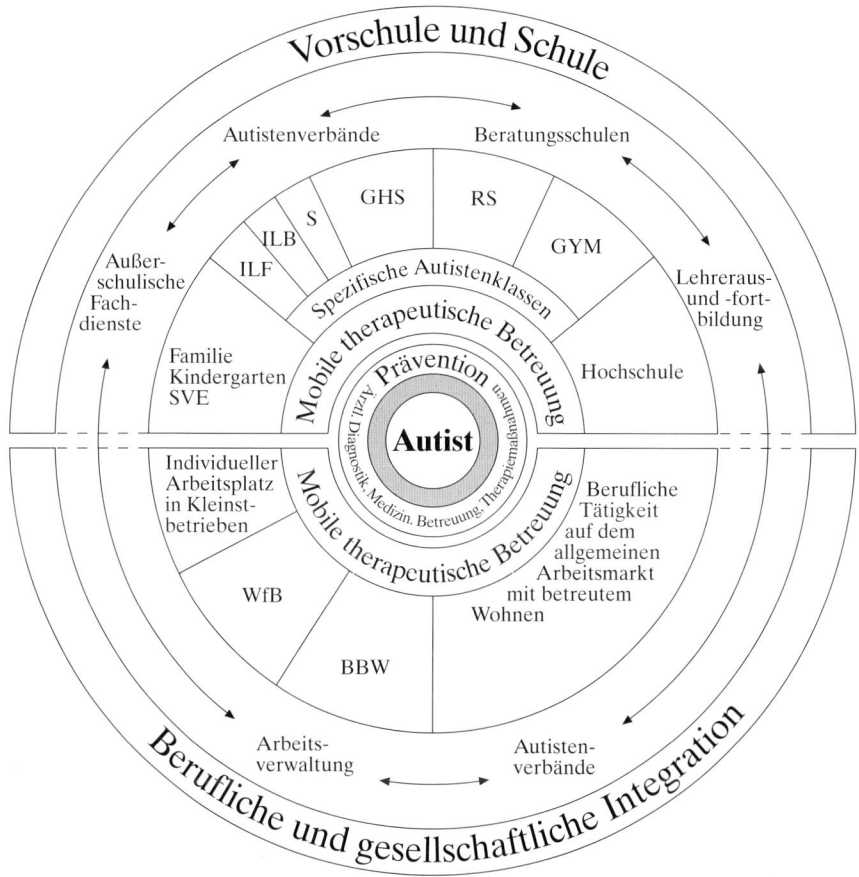

BBW = Berufsbildungswerk
GHS = Grund- und Hauptschule
GYM = Gymnasium
ILB = Schule zur individuellen Lebensbewältigung
ILF = Schule zur individuellen Lernförderung
RS = Realschule
S = Schule zur individuellen Sprachförderung
SVE = Schulvorbereitende Einrichtung
WfB = Werkstatt für Behinderte

Lehrer in allgemeinen Schulen benötigen Rat und Hilfe, wenn sie autistische Kinder und Jugendliche fördern sollen. Eine Ausweitung und Erhöhung der Wirkkraft der bestehenden Beratungsschulen sind deshalb unerlässlich. In gleicher Weise müssen aber auch die Beratungslehrer selbst immer wieder neue Fachkompetenz erwerben und durch ständige Fortbildungsmaßnahmen stets auf dem aktuellsten Wissensstand sein.

Autismus-Verbände erweisen sich als bedeutende Bindeglieder zwischen Gesellschaft und autistischen Menschen. Mit ihren zahlreichen Initiativen gaben und geben sie richtungsweisende Impulse. Mit hohem Engagement schaffen sie zahlreiche Angebote von regelmäßigem Erfahrungsaustausch und von qualifizierten Fortbildungsveranstaltungen. Vielfältige Veröffentlichungen zu unterschiedlichen Aspekten des Autismus finden eine wachsende Leserschaft. Es wird eine bundesweite Ausdehnung von Verbänden und Initiativen angestrebt, um noch intensiver als bisher das Problem der Autisten zum gesellschaftlich virulenten Anliegen zu machen.

Von hoher Wichtigkeit sind Motivation und Einsatzbereitschaft der unmittelbar betroffenen Personen selbst, nämlich der Eltern von autistischen Kindern und Jugendlichen. Ihre Last und ihre Belastung können sie nur dann bewältigen, wenn sie stets Rat und Verständnis bei Verbänden und Schulen erfahren, wenn sie sich mit ihren Problemen von der Gesellschaft ernst genommen fühlen.

Wenn es gelingt, die bislang oft nur auf regionaler Ebene wirkenden Initiativen mit Beharrungsvermögen, mit Sachverstand und mit Tatkraft zu einem flächendeckenden Verbundsystem auszuweiten, dann wird autistischen Menschen endlich jenes Maß an Aufmerksamkeit und Achtung zuteil, das es ihnen gestattet, sich trotz ihrer Mehrfachbehinderung zunehmend in diese Gesellschaft zu integrieren.

Anhang

Autismus – Informationsbörse im Internet

Dieser Anhang beinhaltet ausgewählte Beispiele für Internetangebote, auf die im Beitrag des Autors hingewiesen wurde. Durch die vielen Querverweise eignen sie sich auch als Einstiegspunkte für die Erforschung des gewaltigen Informationsraumes.

Bei der Auswahl wurde neben dem Informationsgehalt vor allem auf Stabilität und zu erwartende Kontinuität der Adressen Wert gelegt. Die Dynamik des Mediums bringt es jedoch mit sich, dass bereits bei Erscheinen dieses Buches Adressen verändert worden sein können oder vielleicht gar nicht mehr existieren. Mit Hilfe von Suchmaschinen (siehe unten) sind aber meist adäquate Angebote auffindbar.

Deutschsprachige Angebote

`http://www.autismus-online.de/`
- Autismus Therapie Ambulanz LiNie (Regionalverband Linker Niederrhein e.V. „Hilfe für das autistische Kind")
- Ausgezeichneter deutschsprachiger Startpunkt

`http://www.nox.com/aut/aut00.htm`
- Versuch einer Einzelperson, v. a. das deutschsprachige Angebot zu strukturieren

`http://www.uni-koblenz.de/~proedler/`
- „INTEGRARE" – Informationen aus der Behindertenpädagogik
- FAQ (List of Frequently Asked Questions)

`http://www.autismus.de/`
- Zur Zeit der Drucklegung noch im Aufbau
- Geplantes Angebot des Regionalverbandes Ostwestfalen-Lippe e.V. „Hilfe für das autistische Kind" in Zusammenarbeit mit dem Bundesverband

`http://home.t-online.de/home/fiamev/fiam_hp.htm/`
- FIAM = Verein zur Förderung und Integration autistischer Menschen; stark auf das Asperger-Syndrom bezogen

http://www.paritaet.org/bvkm/isaac/
- ISAAC-Deutschland – Gesellschaft für unterstützte Kommunikation e. V. (Mitglied der **I**nternational **S**ociety for **A**ugmentative and **A**lternative **C**ommunication)

http://www.fcforum.com/
- Verein zur Förderung und Verbreitung von Facilitated Communication (Gestützte Kommunikation)

Englischsprachige Angebote

http://www.autism-resources.com/
- Gleichwertige, jedoch beständigere Adresse zum Angebot von John Wobus (siehe Haupttext)
- Wahrscheinlich die umfassendste Sammlung von Online-Ressourcen zum Thema Autismus
- „Heimat" der englischsprachigen Autismus-FAQ

http://www.inlv.demon.nl/internaut/
- „InternAUT", eine Initiative, deren besonderes Anliegen die Selbstbestimmung von Menschen mit Autismus ist

http://www.students.uiuc.edu/~bordner/ani.html/
- ANI = Autism Network International; Organisation autistischer Menschen (siehe Haupttext)
- ANI betreibt auch einen Mailserver; Informationen zur Teilnahme erhält man als automatisierte Antwort auf eine e-mail an listserv@utkvm1.utk.edu mit dem Inhalt „help"

http://autism.simplenet.com/
- Homepage von engagierten Eltern eines Kindes mit Autismus

http://www.planetc.com/users/blackjar/
- Homepage eines Menschen mit Autismus („high functioning")

Web-Seiten zu IRC-Kanälen

http://www.autism.clarityconnect.com/
- Informationen zu #autism

http://autfriends.autistics.org/
- Informationen zu #autfriends

http://www.inlv.demon.nl/irc.asperger/
- Informationen zu #asperger

Internet Suchmaschinen

http://www.altavista.digital.com/
- Umfassender Index des weltweiten Web-Angebots
- Zum Zeitpunkt der Entstehung dieses Beitrages ergab die Suche mit den Stichworten
„autism"	115 620 Adressen
„autismus"	785 Adressen
„autismus" und „schule"	233 Adressen

http://www.yahoo.de/
- Auf deutschsprachige Seiten beschränkt

Literatur

Aarons, M.; Gittens, T.: Das Handbuch des Autismus. Ein Ratgeber für Eltern und Fachleute. Weinheim/Basel 1994

Arens, C.; Dzikowski, S. (Hrsg.): Autismus heute. Aktuelle Entwicklungen in der Therapie autistischer Kinder. Band I und Band II. Dortmund 1988 und 1990

Asperger, H.: Die „Autistischen Psychopaten" im Kindesalter. Arch. Psychiat. Nervenkr. 117 (1944) 76–136

Bleuler, E.: Das autistische Denken. Jahrb. psychoanalyt. psychopatholog. Forsch. 4 (1912) 1–39

Blohm, H.; Pohl, E. (Hrsg.): autismus. Halbjahres-Zeitschrift des Bundesverbandes ‚Hilfe für das autistische Kind'. Hamburg 1993

Bormann-Kischkel, C.: Erkennen autistische Kinder Personen und Emotionen? Regensburg 1990

Bristol, M. M.: Maternal coping with autistic children: the effects of child characteristics and interpersonal with support. Unpublished doctoral dissertation. University of North Carolina at Chaple Hill 1979

Cordes, R.: Soziale Interaktionen autistischer Kleinkinder. Weinheim 1995

Demyer, M.: Familien mit autistischen Kindern. Stuttgart 1986

Feuser, G.: Grundlagen zur Pädagogik autistischer Kinder. Gesellschaftswissenschaftlich – erziehungswissenschaftliches Verständnis des frühkindlichen Autismus. Weinheim/ Basel 1979

Feuser, G.: Autistische Kinder. Gesamtsituation, Persönlichkeitsentwicklung, Schulische Förderung. Solms-Oberbiel 1980

Frith, U.: Autismus. Ein kognitives psychologisches Puzzle. Heidelberg 1992

Hilfe für das autistische Kind e.V. – Regionalverband München: Autistische Kinder brauchen Hilfe. München 1994

Innerhofer, P.; Klicpera, C.: Die Welt des frühkindlichen Autismus. München/ Basel 1988

Janetzke, H. R. P.: Stichwort: Autismus. München 1993

Kanner, L.: Autistic disturbances of affective contact. Nerv. Child 2 (1942/43) 217–250

Kehrer, H. E.: Geistige Behinderung und Autismus. Stuttgart 1995

Kusch, M.; Petermann, F.: Entwicklung autistischer Störungen. Bern 1990

Lempp, R.: Vom Verlust der Fähigkeit, sich selbst zu betrachten. Eine entwicklungspsychologische Erklärung der Schizophrenie und des Autismus. Bern 1992

Newson, E.; Dawson, M.; Everard, P.: The Natural History of Able Autistic People: Their Management and Functioning in a Social Context. Summary of the Report to the DHSS, Communication, Vol. XXVIII, Nos. 1, 2, 3, 4, and Vol. XIX, Nos 1, 2, National Autistic Society. London 1984

Nieß, N.: Leben mit autistischen Kindern. Freiburg 1995

Ribas, D.: Autismus. München 1995
Rutter, M.: The Language Development of the Young Autistic Child. In Autism, its Nature, Implications and Consequences. National Autistic Society. London 1989
Rutter, M.: The Treatment of Autistic Children. Journal of Child Psychology and Psychiatry 26 (1985) 193–214
Verein zur Förderung von autistisch Behinderten e.V. (Hrsg.): Autistische Menschen verstehen lernen II. Mit Beiträgen von Betroffenen. Stuttgart 1996
Wendeler, J.: Autistische Jugendliche und Erwachsene. Weinheim/ Basel 1984
Wing, J. K. (Hrsg.): Frühkindlicher Autismus. Klinische, pädagogische und soziale Aspekte. Weinheim/Basel 1992

Literatur zu Kapitel 5:
Ursachen für die Entstehung von Autismus (Katrin Mildenberger)

Bailey, A.: The biology of autism. Psychological Medicine 23 (1993) 7–11
Bettelheim, B.: The Empty Fortress: Infantil Autism and the Birth of the Self. New York 1967
Bolton, P.; Macdonald, H.; Pickles, A.; Rios, P.; Goode, S.; Crowson, M.; Bailey, A.; Rutter, M.: A Case-Control Family History Study of Autism. Journal of Child Psychology and Psychiatrie 35 (1994) 877–900
Cambell, M.; Anderson, L. T.; Green, W. H.; Deutsch, S. I.: Psychopharmacology. In: *Cohen, D. J.; Donnellan, A. M.; Paul, R. (Hrsg.):* Handbook of Autism and Pervasive Developmental Disorders. New York 1988, 545–565
Courchesne, E.; Yeung-Courchesne, R.; Press, G. A.; Hesselink, J. R.; Jernigan, T. L.: Hypoplasia of cerebellar vermal lobules VI and VII in autism. New England Journal of Medicine 318 (1988) 1349–1354
Dzikowski, S.: Ursachen des Autismus. Eine Dokumentation. Weinheim 1993
Folstein, S.; Rutter, M.: Infantile autism: a genetic study of 21 twin pairs. Journal of Child Psychology and Psychiatry 18 (1977) 297–321
Frith, U.: Autismus. Ein kognitives psychologisches Puzzle. Heidelberg 1992
Gillberg, C.: The neurobiology of infantile autism. Journal of Child Psychology and Psychiatry 29 (1988) 257–266
Gillberg, C. (Hrsg.): Diagnosis and Treatment of Autism. New York 1989
Gillberg, C.; Ferenius, L.; Lonnerholm, G.: Endorphin activity in childhood psychosis. Archives of General Psychiatry 42 (1985) 780–783
Gillberg, C.; Svennerhold, L.; Hamilton-Hellberg, C.: Childhood psychosis and monoamine metabolites in spinal fluid. Journal of Autism and Developmental Disorders 13 (1983) 383–396
Hashimoto, T.; Tayama, M.; Murakawa, K.; Yoshimoto, T.; Miyazaki, M.; Harada, M.; Kuroda, Y.: Development of the Brainstem and Cerebellum in Autistic Patients. Journal of Autism and Developmental Disorders 25 (1995) 1–18

Heh, C. W .C.; Smith, R.; Wu, J.; Hazlett, E.; Russel, A.; Asarnow, R.; Tanguay, P.; Buchsbaum, M. S.: Positron emission tomography of the cerebellum in autism. American Journal of Psychiatry 146 (1989) 242–245

Hobson, R. P.; Ouston, J.; Lee, A.: What's in a face? The case of autism. British Journal of Psychology 79 (1988) 441–453

Kusch, M; Petermann, F.: Entwicklung autistischer Störungen. Bern 1991

Le Couteur, A.; Bailey, A. J.; Rutter, M.; Gottesman, I.: An epidemiologically based twin study of autism. Paper presented at the First World Congress on Psychiatric Genetics. Churchill College. Cambridge 1989

Minderaa, R. B.; Anderson, G. M.; Volkmar, F. R.; Harcherik, D. et al.: Plasma levels of 3-methoxy-4hydroxyphenylglycol (MHPG) and urinary excretion of nor-epinephrine, epinephrine and MHPG in autistic and normal subjects. In: *Cohen, D. J.; Donnellan, A. M.; Paul, R. (Hrsg):* Handbook of Autism and Pervasive Developmental Disorders. New York 1986, 175–186

Panksepp, J.; Sahley, T.: Possible brain opioid involvement in disturbed social intent and language development of autism. In: *Schopler, E.; Mesibov, G. B. (Hrsg.):* Neurobiological Issues in Autism. New York 1987, 357–371

Ritvo, E. R.; Freeman, B. J.; Scheibel, A.; Duong, T.; Robinson, H.; Guthrie, D.; Ritvo, A.: Lower Purkinje cell counts in the cerebella of four autistic subjects: Initial findings of the UCLA-NSAC Autopsy Research Report. American Journal of Psychiatry 143 (1986) 862–866

Rutter, M; Bailey, A.; Bolton, B.; Le Couteur, A.: Autism and Known Medical Conditions: Myth and Substance. Journal of Child Psychology and Psychiatry 35 (1994) 311–322

Tinbergen, N.; Tinbergen, E. A.: Autistic Children: New Hope for a Cure. London 1983

Literatur zu Kapitel 6:
Diagnose (Michele Noterdaeme)

American Psychiatric Association: Diagnostic and Statistic Manual of Mental Disorders. APA. Washington DC 1994

Baron-Cohen, S.; Allen, J.; Gillberg, C.: Can autism be detected at 18 months? The needle, the haystack and the CHAT. British Journal of Psychiatry 161 (1992) 839–843

Dilavore, P. C.; Lord, C.; Rutter, M.: The pre-linguistic autism diagnostic observation schedule. Journal of Autism and Developmental Disorders 25 (1995) 355–379

Dilling, H.; Mombour, W.; Schmidt, M.: Internationale Klassifikation psychischer Störungen, ICD-10, Kapitel V. Klinisch-Diagnostische Leitlinien. Göttingen 1991

Gillberg, C.; Nordin, V.; Ehlers, S.: Early detection of autism. Diagnostic instruments for clinicians. European Journal of Child and Adolescent Psychiatry 5 (1996) 67–74

Krug, D. Y.; Arick, J.; Almond, P.: Behavior checklist for identifying severely handicapped individuals with high levels of autistic behavior. Journal of Child Psychology and Psychiatry 21 (1980) 221–229

Le Couteur, A.; Rutter, M.; Lord, C.; Rios, P.; Robertson, S.; Holdgrafer, M.; McLennan, J.: Autism Diagnostic Interview: A semistructured interview for parents and caregivers of autistic persons. Journal of Autism and Developmental Disorders 19 (1989) 363–387

Lord, C.; Rutter, M.; Goode, S.; Heemsberge, J.; Jordan, H.; Mawhood, L.; Schopler, E.: Autism Diagnostic Observation Schedule. A standardized observation of communicative and social behavior. Journal of Autism and Developmental Disorders 19 (1989) 185–196

Lord, C.; Rutter, M.; Le Couteur, A.: Autism Diagnostic Interview-Revised: A revised version of a diagnostic interview for caregivers of individuals with possible pervasive developmental disorders. Journal of Autism and Developmental Disorders 24 (1994) 659–685

Rühl, D.: Autismus – Diagnostisches Beobachtungsinstrument. Deutsche Übersetzung: Kinder- und Jugendpsychiatrische Abteilung der Universitätsklinik Frankfurt. Frankfurt 1996

Schmötzer, G.; Rühl, D.; Thies, G.; Poustka, F.: Autismus: Diagnostisches Interview-R. Deutsche Übersetzung: Kinder- und Jugendpsychiatrische Abteilung der Universitätsklinik Frankfurt. Frankfurt 1991

Schopler, E.; Reichler, R. J.; Rener, B. R.: The Childhood Autism Rating Scale (CARS). Revised. Western, Psychological Services. Los Angeles 1988

Steinhausen, H. C.: Autismus-Beurteilungsskala. Deutsche Übersetzung des CARS. In: Psychische Störungen bei Kindern und Jugendlichen. München 1988

Literatur zu Kapitel 7:
Artverwandte Krankheitsbilder und Störungen (Hedwig Amorosa)

Amorosa, H; Noterdaeme, M.: Differentialdiagnostische und medizinische Probleme bei Personen mit einem frühkindlichen Autismus und guter kognitiver Entwicklung. Probleme der „durchschnittlich begabten" Autisten. Hilfe für das autistische Kind e. V. München 1997

Dilling, H.; Mombour, W.; Schmidt, M.: Internationale Klassifikation psychischer Störungen, ICD-10 Kapitel V. Klinisch-Diagnostische Leitlinien. Göttingen 1991

Eggers, C; Bilke, O.: Oligophrenien und Demenzprozesse im Kindes- und Jugendalter. Stuttgart 1995

Pennington, B. F.; Ozonoff, S.: Executive functions and developmental psychopathology. Journal of Child Psychology and Psychiatry 1 (1996) 51–87

Wing, L.: The definition and prevalence of Autism: A Review. European Child and Adolescent Psychiatry 2 (1993) 61–74

Literatur zu Kapitel 9:
Gestützte Kommunikation (FC) – Eine Kommunikationsform für Kinder und Jugendliche mit Autismus (Konrad Bundschuh/ Andrea Basler-Eggen)

Berger, C.: Positive Validation Study of Multiple Subjects Using Facilitated Communication. Syracuse/New York 1994

Biklen, D. (Hrsg.): Contested words, contested science: Unraveling the Facilitated Communication controversy. New York 1997

Braun, U. (Hrsg.): Unterstützte Kommunikation. Düsseldorf 1994

Büttner, C.: Autistische Sprachstörungen. Hürth 1995

Bundschuh, K.; Basler-Eggen, A.: 1. Zwischenbericht „Facilitated Communication bei Menschen mit schweren Kommunikationsstörungen". In: *Bayerisches Staatsministerium für Arbeit und Sozialordnung, Familie, Frauen und Gesundheit (Hrsg.)* München 1997

Cardinal, D. et al.: Investigation of Authorship in Facilitated Communication. Mental Retardation 4, Vol. 34 (1996) 231–242

Eberlin, M. et al.: Facilitated Communication: A failure to replicate the phenomenon. Journal of Autism and Developmental Disorders 3, Vol. 23 (1993) 507–530

Eichel, E.: Gestützte Kommunikation bei Menschen mit autistischer Störung. Dortmund 1996

Gomez, J. C.: Joint Attention and Alternative Language Intervention in Persons with Autism. isaac Bulletin 52 (1998) 1–3

Kehrer, H.: Geistige Behinderung und Autismus. Stuttgart 1995

Kristen, U.: Die Motivation zur Kommunikation? Behinderte in Familie, Schule und Gesellschaft 6 (1993) 9–24

Kristen, U.: Praxis Unterstützte Kommunikation. Eine Einführung. Düsseldorf 1994

Marcus, E.; Mayer, S.: Sorting It Out Under Fire: Our Journey. In: *Biklen, D. (Hrsg.):* Contested words, contested science: unraveling the facilitated communication controversy. New York 1997, 115–134

Nagy, C.: Leben mit unserem autistischen Schulkind. Zusammen: Behinderte und nichtbehinderte Menschen 2 (1995) 22–23

Nagy, C.: Facilitated Communication – ein vorläufiger Weg zur Kommunikation mit Autisten. Skeptiker 1 (1997) 17–18

Olney, M.: A Controlled Study of Facilitated Communication Using Computer Games. In: *Biklen, D. (Hrsg.):* Contested words, contested science: unraveling the facilitated communication controversy. New York 1997, 96–114

Schubert, A.: Was ist gestützte Kommunikation? In: *Verein zur Förderung von autistisch Behinderten e.V. (Hrsg.):* Autistische Menschen verstehen lernen II. Stuttgart 1996, 10–12

Sheehan, C. et al.: Investigation of the Validity of Facilitated Communication Through the disclosure of Unknown Information. Mental Retardation 2, Vol. 34 (1996) 94–107

Vazquez, C.: Brief Report: A Multitask Controlled Evaluation of Facilitated Communication. Journal of Autism and Developmental Disorders 3, Vol. 24 (1994) 369–379
Weiss, M. et al.: A Validated Case Study of Facilitated Communication. Mental Retardation 4, Vol. 34 (1996) 220–230
Wheeler, D. L. et al.: An experimental assessment of facilitated communication. Mental Retardation 1, Vol. 31 (1993) 49–60
Williams, D.: Autism and Exposure Anxiety. Unveröffentlichtes Manuskript. Präsentiert auf der 6. FC-Konferenz in Syracuse 1998

Literatur zu Kapitel 12.8.2:
Unterricht bei autistischen Kindern in einer eigenen Klasse.
Das Projekt „Muschelkinder" (Franz Rumpler)

Geißler, E.: Die Situation autistischer Menschen am Beispiel der Region Mittelfranken. Adelsdorf 1998
Müller-Egloff, E.: Beschulung autistischer Kinder. München 1995

Literatur zu Kapitel 13.3:
Berufliche Ausbildung, Arbeitsplatzbeschaffung und Freizeitgestaltung (Nicosia Nieß)

Bundesverband Hilfe für das autistische Kind e. V.: Berufliche Integration autistischer Erwachsener. Hamburg 1996
Bundesverband Hilfe für das autistische Kind e. V.: Konzept für die integrierende Arbeitsbegleitung von Menschen mit Autismus. Hamburg 1998
Hilfe für das autistische Kind, Regionalverband München e. V.: Hilfen für intelektuell durchschnittlich begabte autistische junge Erwachsene im Beruf. München 1993

Veröffentlichungen von autistischen Menschen

Grandin, T.: Durch die gläserne Tür. München 1994
Grandin, T.: Ich bin die Anthropologin auf dem Mars. München 1997
Schäfer, S.: Sterne, Äpfel und rundes Glas. Stuttgart 1997
Williams, D.: Ich könnte verschwinden, wenn Du mich berührst. Hamburg 1992
Williams, D.: Wenn du mich liebst, bleibst Du mir fern. Hamburg 1994

Schor, Bruno
Mobile Sonderpädagogische Dienste

Konzeption, Praxisorientierung, Handlungshilfen für ein integratives Bildungsangebot
80 S., kart. **3124**

Leitfaden mit Tipps zu Unterricht und Förderung von Schülern mit sonderpädagogischem Förderbedarf in allen Förderschulformen, Grund-, Haupt-, Realschule und Gymnasium.

Eberhardt, Hans/Schor, Bruno
Integration durch Kooperation

Bericht zur Fachtagung über den Schulversuch
144 S., DIN A4, kart. **3028**

Handreichung
Medienpaket Kooperation
3142

Behinderte Kinder und Schüler der Regelschule zusammenbringen – eine tolle Sache. Aber wie lassen sich Kooperationen im Schulalltag verwirklichen? Das „Medienpaket Kooperation" liefert Ihnen vielfältige Materialien und Unterrichtshilfen für die konkrete Planung, Vorbereitung und Durchführung.
Das gesamte Paket besteht aus sechs Teilen:
- Band „Bausteine für Kooperation",
- Band „Gemeinsam im Unterricht",
- Videofilm „Integration durch Kooperation",
- Informationsblatt „Materialien und Unterrichtshilfen",
- Informationsblatt „Schulen beraten Schulen",
- Foliensatz „Elternabend",
- Foliensatz „Lehrerkonferenz".

Handreichung
Bausteine für Kooperation
252 S., DIN A 4 **3143**

Handreichung
Gemeinsam im Unterricht
164 S. **3144**